Coleção Espírito Crítico

O TUPI
E O ALAÚDE

Coleção Espírito Crítico

Conselho editorial:
Alfredo Bosi
Antonio Candido
Augusto Massi
Davi Arrigucci Jr.
Flora Süssekind
Gilda de Mello e Souza
Roberto Schwarz

Gilda de Mello e Souza

O TUPI
E O ALAÚDE

Uma interpretação de *Macunaíma*

Livraria
Duas Cidades

editora 34

Editora 34 Ltda.
Rua Hungria, 592 Jardim Europa CEP 01455-000
São Paulo - SP Brasil Tel/Fax (11) 3811-6777 www.editora34.com.br

Copyright © Editora 34 Ltda., 2003
O tupi e o alaúde © Gilda de Mello e Souza, 1979

A fotocópia de qualquer folha deste livro é ilegal e configura uma apropriação indevida dos direitos intelectuais e patrimoniais do autor.

Agradecimentos a Carlos Augusto de Andrade Camargo e ao IEB-USP (Fundo Mário de Andrade), pelas reproduções da capa e das páginas 6, 8, 30 e 58 desta edição. Agradecimentos também a Waldemar Torres, pela cessão do exemplar de *Macunaíma* do qual foi extraída a reprodução da página 86.

Edição conforme o Acordo Ortográfico da Língua Portuguesa.

Capa, projeto gráfico e editoração eletrônica:
Bracher & Malta Produção Gráfica

Revisão:
Mara Valles, Cide Piquet, Augusto Massi

1ª Edição - 2003, 2ª Edição - 2023

Catalogação na Fonte do Departamento Nacional do Livro
(Fundação Biblioteca Nacional, RJ, Brasil)

	Souza, Gilda de Mello e, 1919-2005
S696t	O tupi e o alaúde: uma interpretação de *Macunaíma* / Gilda de Mello e Souza. — São Paulo: Duas Cidades; Editora 34, 2023 (2ª Edição).
	96 p. (Coleção Espírito Crítico)
	ISBN 978-85-7326-276-6
	1. Andrade, Mário de, 1893-1945. 2. Macunaíma - Crítica e interpretação. I. Título. II. Série.
	CDD - 869.930904

Índice

I 9
II 31
III 59

Bibliografia sobre Macunaíma 87
Sobre a autora 93

Mário de Andrade (1893-1945)

"Sou um tupi tangendo um alaúde!"
"O trovador", *Pauliceia desvairada* (1922)

"Me sinto só branco agora, sem ar neste ar-livre da América!
Me sinto só branco, só branco em minha alma crivada de raças!"
"Improviso do mal da América", *Remate de males* (1930)

"Nós somos também civilização europeia [...]."
O banquete (1943)

No alto, páginas iniciais dos manuscritos de *Macunaíma* de 1926 e 1927. Acima, um dos bilhetes onde Mário anotava ideias a serem incorporadas ao texto, e a capa da primeira edição do livro, publicada em julho de 1928.

I

Escrito em seis dias de trabalho ininterrupto, durante umas férias de fim de ano, em dezembro de 1926; corrigido e aumentado em janeiro de 1927; publicado em 1928 — *Macunaíma* logo se transformou no livro mais importante do nacionalismo modernista brasileiro. A impressão fulminante de obra-prima, que os companheiros de Mário de Andrade tiveram na época ao tomar contato pela primeira vez com o manuscrito, permanece até hoje, cinquenta anos depois da sua publicação. Com o passar do tempo, as experiências de linguagem e a utilização satírica dos achados obscenos talvez tenham perdido a virulência; mas em compensação, à medida que os estudos sobre o livro vão se aprofundando, começam a vir à tona a segurança impecável de sua construção e a maestria no aproveitamento da cultura popular, que tece o pano de fundo colorido da aventura do herói brasileiro.

No início, Mário de Andrade resistiu em reconhecer a face verdadeira de sua criação e tomou apenas como "um jeito pensativo e gozado de descansar umas férias" a violenta explosão que na verdade arrematava um período fecundo de estudo e de dúvidas sobre a cultura brasileira. Mas aos poucos foi obrigado a aceitar que de fato semeara o texto com uma infinidade de intenções, referências figuradas, símbolos e que tudo isso definia os elementos de uma psicologia própria, de uma cultura nacional e de uma filosofia que oscilava entre "otimismo ao excesso e pessimismo ao excesso", entre a confiança na Providência e a energia do projeto.

Uma análise pouco mais atenta do livro mostra que ele foi construído a partir da combinação de uma infinidade de textos preexistentes, elaborados pela tradição oral ou escrita, popular ou erudita, europeia ou brasileira. A originalidade estrutural de *Macunaíma* deriva, deste modo, do livro não se basear na mímesis, isto é, na dependência constante que a arte estabelece entre o mundo objetivo e a ficção; mas em ligar-se quase sempre a outros mundos imaginários, a sistemas fechados de sinais, já regidos por significação autônoma. Este processo, parasitário na aparência, é no entanto curiosamente inventivo; pois, em vez de recortar com neutralidade nos entrechos originais as partes de que necessita para reagrupá-las, intactas, numa ordem nova, atua quase sempre sobre cada fragmento, alterando-o em profundidade. Deste modo, a designação de "composição em mosaico", adotada por alguns estudiosos como Florestan Fernandes e Haroldo de Campos, parece inadequada; ela sugere a justaposição simples dos empréstimos tomados a sistemas diversos, mas oblitera a elaboração criadora complexa que, num primeiro momento, os desarticula, rompendo a sua inteligibilidade inicial para, em seguida, insuflar sentido diverso no agenciamento novo dos fragmentos. O processo talvez se aproximasse mais da *bricolage*, tal como a descreve Lévi-Strauss, e isso também já foi lembrado pela crítica.

O *bricoleur* procura realmente a sua matéria-prima entre os destroços de velhos sistemas. No entanto, seu gesto é norteado por um objetivo lúdico, por uma sensibilidade passiva, e esta se submete sobretudo ao jogo das formas. Diante do elenco de detritos que tem sempre à mão, o *bricoleur* se abandona a uma triagem paciente, escolhendo ou rejeitando os elementos, conforme a cor, o formato, a luminosidade ou o arabesco de uma superfície. A figura que irá compor em seguida, combinando a infinidade de fragmentos de que dispõe, poderá ser muito bela, mas, como respeita as imposições da matéria aproveitada, é caprichosa, cheia de idas e vindas, de rupturas, e não revela nenhum projeto. É impossível inscrever neste horizonte raso de acasos, onde o sentido emerge e se extingue seguindo a vida breve das formas, o livro intencional e cheio de ressonâncias de Mário de Andrade. Mais do que na técnica do mosaico ou no exercício da *bricolage*, é no processo criador da música popular que se deverá a meu ver procurar o modelo compositivo de *Macunaíma*.

A longa meditação estética que atravessa todo o percurso da obra de Mário de Andrade tem dois pontos de referência constantes: a análise do fenômeno musical e do processo criador do populário. É da confluência dessas duas obsessões fundamentais que deriva a maioria dos seus conceitos básicos, seja sobre a arte em geral, seja sobre a arte brasileira em particular; conceitos que uma vez forjados ressurgem sempre na extensa e variada produção ensaística.[1] No decênio de 1920, convergem para o campo comum da música e da imaginação coletiva as leituras que faz de etnografia, folclore, psicanálise; o escritor mergulha a fundo no longo debate do período sobre a mentalidade primitiva, procurando retirar do confronto de Tylor, Lévy-Brühl e Frazer algumas conclusões que auxiliem a compreender os nossos processos coletivos de criação;[2] em seguida, empenhado no projeto de

---

[1] É o caso, por exemplo, dos seus conceitos de *inacabado*, de *fluidez verbal* e da sua *teoria do plágio* — esta última em grande parte oriunda da observação do processo inventivo do populário.

[2] Telê Porto Ancona Lopez, *Mário de Andrade: ramais e caminho*, São Paulo, Duas Cidades, 1972.

uma música nacionalista, propõe aos compositores jovens da época o aproveitamento erudito do folclore brasileiro.

Macunaíma é composto neste momento de grande impregnação teórica, pesquisa sobre a criação popular e busca de uma solução brasileira para a música. É minha convicção que, ao elaborar o seu livro, Mário de Andrade não utilizou processos literários correntes, mas transpôs duas formas básicas da música ocidental, comuns tanto à música erudita quanto à criação popular: a que se baseia no princípio rapsódico da *suíte* — cujo exemplo popular mais perfeito podia ser encontrado no bailado nordestino do *Bumba-meu-Boi* — e a que se baseia no princípio da *variação*, presente no improviso do cantador nordestino, onde assume forma muito peculiar.

Para maior clareza, tentarei sistematizar e resumir as suas afirmações principais sobre as características da música popular brasileira e sobre os problemas decorrentes da transposição erudita dos processos folclóricos de criação, para, em seguida, analisar se houve efetivamente, como suponho, influência do seu pensamento musical no processo criador que presidiu à elaboração de *Macunaíma*.[3]

Segundo Mário de Andrade, as nações novas como o Brasil, cuja cultura em formação apresenta grande variedade de componentes, herdados de fontes muito díspares, têm dificuldade de forjar uma música popular nacional bem diferenciada. Isto difi-

---

[3] Para o presente resumo das ideias de Mário de Andrade utilizei sobretudo as seguintes obras: *Ensaio sobre música brasileira* (1928); *Modinhas imperiais* (1930); *Música, doce música* (1934); *Pequena história da música* (1942); *Danças dramáticas do Brasil* (1959); e os rodapés ainda esparsos do "Mundo Musical", publicados na *Folha da Manhã*, São Paulo, 1943-45 [parcialmente reunidos por Jorge Coli em *Música final*, Campinas, Editora da Unicamp, 1998 (N. E.)].

culta muito a tarefa dos músicos quando estes, empenhados num projeto nacionalista, procuram no populário um ponto de partida para a transposição erudita. Na maioria das vezes, os elementos em presença não conseguem fundir-se num todo e vemos acotovelando-se no mesmo trecho "elementos portugas, africanos, espanhóis e já brasileiros, se amoldando às circunstâncias do Brasil". Desta forma, a música popular assume o aspecto de "um documento curioso da nossa mixórdia étnica", de um palimpsesto, como são os quitutes da nossa culinária com os seus ingredientes fortes "da pimenta, do tutu, do dendê, da caninha".

Até o século XIX, é difícil descobrir nessa mistura intrincada peças já estabilizadas, que se possam considerar cientificamente como melodias brasileiras tradicionais. Por essa razão, o compositor empenhado em fazer obra nacional não deve partir do documento recolhido, mas das *normas de compor* do populário, de certas formas fixas ou de certos esquemas obrigatórios, presentes no canto, na melodia, nos corais, na música instrumental, nas danças. Entre elas, duas se apresentam como dominantes: o processo rapsódico da *suíte* — característico das danças populares — e a forma da *variação*, que ocorre tanto na música instrumental como nas canções. Frequentes no populário elas são, no entanto, normas universais de compor. Vejamos separadamente como cada uma se define e como ocorre na criação coletiva.

1) A *suíte* é um dos processos mais antigos de composição. Comum à música erudita e popular, não é patrimônio de povo nenhum. Constitui uma união de várias peças de estrutura e caráter distintos, todas de tipo coreográfico, para formar obras complexas e maiores. Este processo rapsódico foi muito difundido no Romantismo e entre nós tornou-se como que um hábito nacional. Ocorre nas rodas infantis, onde as crianças costumam juntar um canto com outro, chegando mesmo "a fixar suí-

tes com sucessão obrigatória de peças"; permanece mesmo nos hábitos suburbanos, ressurgindo no costume — talvez de importação — de arrematarem os bailes com a junção de várias peças diversas. São formas primárias de *suíte* todas as nossas principais danças dramáticas: os fandangos do Sul paulista, os cateretês do Centro brasileiro, e no Nordeste os caboclinhos, "os cortejos semi-religiosos, semicarnavalescos dos maracatus", as cheganças, os reisados.

Em seu livro *Danças dramáticas do Brasil*, Mário de Andrade sublinha o "processo de formação gradativa" destes últimos, "fundamentalmente rapsódico", em que o povo ajunta espontaneamente peças afins; a seu ver, só posteriormente um ou outro poeta suburbano semi-erudito teria reorganizado as danças num todo mais "ordenado e dramático", redigindo-as por escrito e difundindo-as em folhetos ("foiêtes"). Num trecho do livro — que transcrevo na íntegra por ser particularmente esclarecedor do meu ponto de vista —, ele comenta com argúcia o aspecto híbrido dessas composições coreográficas, em que os episódios desligados uns dos outros dão ao bailado a aparência de "verdadeira colcha de retalhos" ou "verdadeira revista de números vários":

> "O que caracteriza mais o aspecto contemporâneo de todas as nossas danças dramáticas, é que elas, como espírito e forma, não são um todo unitário em que desenvolve-se uma ideia, um tema só. O tamanho delas, bem como o seu significado ideológico, independe do assunto básico. No geral o assunto dá ensejo a um episódio só, rápido, dramaticamente conciso. E esse núcleo básico é então recheado de temas apostos a ele: romances e outras quaisquer peças tradicionais e mesmo de uso anual se grudam nele; textos e mesmo outros núcleos de outras danças se ajuntam a ele. Às vezes mesmo estas aposições não têm ligação nenhuma com o núcleo [...]

Esse processo de construir por aposição discricionária, culmina na forma atual de certas versões principalmente pernambucanas do Bumba-meu-Boi em que a coincidência com a revista do teatro praceano é flagrante. O episódio que foi nuclear um dia, não tem agora importância maior que os episódios acessórios, e apenas figura no fim ainda salientando o boi, não mais pelo drama, porém pela apoteose."[4]

Voltemos, depois desta primeira exposição, à afirmação inicial de que *Macunaíma* retoma o processo compositivo da música popular, como aliás nos indica claramente o próprio autor, quando acrescenta ao título do livro a designação *rapsódia*.

Se atentarmos para o material que serviu a Mário de Andrade na elaboração da narrativa, veremos que ele testemunha a mesma mistura étnica da música popular, apresentando uma grande variedade de elementos, provenientes de fontes as mais diversas: aos traços *indígenas* retirados de Koch-Grünberg, Couto de Magalhães, Barbosa Rodrigues, Capistrano de Abreu e outros, vemos se acrescentarem ao núcleo central narrativas e cerimônias de origem *africana*, evocações de canções de roda *ibéricas*, tradições *portuguesas*, contos já tipicamente *brasileiros* etc. A esse material, já em si híbrido, juntam-se as peças mais heteróclitas: anedotas tradicionais da história do Brasil; incidentes pitorescos presenciados pelo autor; episódios de sua biografia pessoal; transcrições textuais dos etnógrafos, dos cronistas coloniais; frases célebres de personalidades históricas ou eminentes; fatos da língua, como modismos, locuções, fórmulas sintáticas; processos mnemônicos populares, como associações de ideias e de imagens; ou processos retóricos, como as enumerações exaustivas — que

---

[4] *Danças dramáticas do Brasil*, São Paulo, Martins, 1959, vol. I, p. 52.

segundo o próprio autor tinham a finalidade apenas poética de realizar "sonoridades curiosas" ou "mesmo cômicas".[5]

Aliás, eram essas aposições discricionárias ao núcleo básico que esclareciam em grande parte a ambiguidade da linha narrativa, cujo episódio nuclear, embora bem definido e dramaticamente conciso — a perda e a busca da muiraquitã — não conseguia se impor com exclusividade, vendo-se eclipsado permanentemente pela multiplicação incessante dos episódios secundários. No entanto, o esquema formal só era rudimentar na aparência, pois representava a retomada muito hábil do princípio universal da *suíte*, na sua variante popular. O processo de construir recheando o núcleo básico de temas subsidiários, de unir num todo mais complexo várias peças de forma e caráter distintos, era — como vimos — corrente na música europeia do Romantismo e ocorria também no teatro de revista e nas danças dramáticas brasileiras, onde encontrava a expressão mais perfeita no Bumba-meu-Boi.

Não é meu objetivo desenvolver nesta abordagem uma possível analogia entre a estrutura de *Macunaíma* e a do Bumba-meu-Boi. Quero apenas assinalar que a coincidência da forma rapsódica dos dois não é ocasional, e que provavelmente Mário de Andrade quis sugerir, por intermédio das afinidades estruturais, a identificação entre o livro e o bailado popular que, a seu ver, melhor representava a nacionalidade. A escolha do Bumba-

---

[5] Baseando-se na análise que Bakhtin faz de Dostoiévski (Mikhail Bakhtin, *La poétique de Dostoïevsky*, Paris, Seuil, 1970) e adotando portanto uma perspectiva diversa da minha, Mário Chamie interpreta essa *"assemblage* de materiais absolutamente heterogêneos e incompatíveis" como um traço da sátira menipeia (Mário Chamie, "Mário de Andrade: fato aberto e discurso carnavalesco", *in Jornal da Tarde*, São Paulo, 1/11/1975).

-meu-Boi como modelo, ou melhor, como referência, tinha uma intenção ideológica e se ligava ao complexo sistema de sinais com que o escritor se habituara a pensar não só a realidade do seu país, mas a sua realidade pessoal.[6] Vou tentar esclarecer melhor este ponto.

A análise das representações coletivas brasileiras revelara a Mário de Andrade que o boi era "o bicho nacional por excelência" e se encontrava referido de norte a sul do país, tanto nas zonas de pastoreio como nos lugares sem gado. Ocorria em todas as manifestações musicais do populário: "na ronda gaúcha, na toada de Mato Grosso, no aboio do Ceará, na moda paulista, no desafio do Piauí, no coco norte-rio-grandense, na chula do Rio Grande e até no maxixe carioca". Num país sem unidade e de grande extensão territorial, "de povo desleixado onde o conceito de pátria é quase uma quimera", o boi — ou a dança que o consagra — funcionava como um poderoso elemento "unanimizador" dos indivíduos, como uma metáfora da nacionalidade. Foi com o objetivo de sublinhar este aspecto, surgido espontaneamente na representação coletiva, que, no período mais agudo da pregação nacionalista, o escritor teria sugerido ao compositor Luciano Gallet a ideia de elaborar uma *suíte* brasileira baseada no Bumba-meu-Boi, seguindo os moldes do *Carnaval* de Schumann ou dos *Quadros de uma exposição* de Mussorgsky.[7]

---

[6] Telê Porto Ancona Lopez já chamou a atenção, em estudo pioneiro sobre o pensamento de Mário de Andrade, para a importância que o escritor atribui ao boi na sua meditação sobre o Brasil (*op. cit.*, pp. 131-6).

[7] No terceiro tomo das *Danças dramáticas* (pp. 13-4) Oneyda Alvarenga — a quem se deve a ordenação geral do livro póstumo de Mário de Andrade — se refere a uma pasta contendo quinze melodias do Bumba-meu-Boi que se encontra no acervo do Instituto de Estudos Brasileiros da Universidade de São Paulo.

Mas o boi não é apenas o animal heráldico do Brasil, como o leão é britânico e a águia bicéfala é austríaca; representa, ainda, como metáfora, um dos "grandes sinais" do escritor, a marca de sua personalidade construída, de seu *ethos*. Sob a dupla feição de símbolo do Brasil e sinal do poeta, a imagem ocorre várias vezes em sua poesia, inclusive em "Brazão", um de seus poemas mais cifrados. Nada de estranho, por conseguinte, que, em *Macunaíma*, Mário de Andrade tivesse procedido a uma identificação semelhante, desta vez entre o animal simbólico do Brasil e Macunaíma, o herói simbólico da nacionalidade. É nesse sentido que devemos interpretar a intercalação, no final do livro, de um dos trechos mais importantes do Bumba-meu-Boi. Na esteira do *Golden Bough*, de Frazer, Mário de Andrade interpretava o núcleo central do bailado — a morte e a ressurreição do boi — como um traço do culto da primavera, isto é, como a destruição e o ressurgimento do princípio vital. Assim, ao interromper a narrativa para descrever minuciosamente o episódio culminante da dança dramática, estava usando-o como metáfora, como um grande sinal premonitório do desenlace dramático que se preparava. A morte e ressurreição do boi era como que a antecipação do sacrifício do herói, que logo mais seria destroçado neste mundo, para em seguida ressurgir no céu em forma de estrela.[8]

---

[8] A descrição da morte e da repartição do boi ocorre em inúmeros documentos folclóricos recolhidos e classificados por Mário de Andrade e coligidos numa pasta intitulada *As melodias do boi*, sob a guarda do Instituto de Estudos Brasileiros da USP. Entre eles destaca-se, como dos mais curiosos, o "Boi Espácio", "um romance legítimo, de incontestável caráter sertanejo" (Mário de Andrade), versão quase idêntica à que Sílvio Romero já havia transcrito em *Cantos populares do Brasil*, 2 vols., Lisboa, Nova Livraria Internacional Editora, 1883, vol. I, pp. 79-86.

2) O segundo processo que Mário de Andrade utiliza para estruturar a narrativa é o da *variação*.

O princípio da *variação* é, como a *suíte*, uma regra básica de compor e consiste em "repetir uma melodia dada, mudando a cada repetição um ou mais elementos constitutivos dela de forma que, apresentando uma fisionomia nova, ela permanece sempre reconhecível na sua personalidade". Desenvolvida já no século XVII, só no século XVIII a variação "se apresenta firmemente fixa nesse princípio de mudança de fisionomia e conservação da personalidade" que a caracteriza, desempenhando a partir daí um papel preponderante na evolução da música. Quando a música erudita — por esgotamento ou por projeto estético — se retempera nas fontes populares, apoia-se sempre na variação, quer utilize as fórmulas rítmico-melódicas do povo de maneira simplória, quer se afaste do seu ponto de partida através de alterações requintadas.[9] No Brasil, por exemplo, no início do movimento nacionalista, os compositores, levados talvez por "um excessivo característico", limitam-se a retirar do populário melodias inteiras e *formas* melódicas quase sem alteração; mas num período posterior já procuram partir de certas fórmulas constantes, "de pequenos elementos rítmicos, melódicos, harmônicos, polifônicos, de timbre, que nacionalizavam sem o excesso de popularismo".[10]

---

[9] Mário de Andrade cita, como exemplo excelente deste processo, o caso do *lied* erudito. Cf. *Música, doce música*, Obras completas, vol. VII, São Paulo, Martins, 1963, p. 344.

[10] Segundo Mário de Andrade, o aproveitamento que a música de canto fez do populário se deu inicialmente de acordo com a seguinte progressão: Luciano Gallet se limitava a transcrever a melodia popular quase sem alteração; Villa-Lobos costumava modificá-la num ou noutro detalhe; e Lorenzo Fernandes empregava geralmente frases populares em melodia própria.

Como veremos adiante, Mário de Andrade utilizou as duas variantes na construção de seu livro.

Em momentos diferentes de suas análises musicais, ele estuda este curioso sistema de empréstimos sobre a música erudita e popular,[11] utilizando, embora de modo muito pessoal, os conceitos clássicos de Charles Lalo de *nivelamento* e *desnivelamento*.[12] Em que consistem esses dois movimentos complementares, pelos quais a variação se exprime?

Chama-se *nivelamento estético* ao fenômeno de ascensão de um gênero inferior a um nível superior de arte culta: foi o que ocorreu quando os compositores introduziram a canção popular na polifonia católica, tecendo à sua volta uma série de variações contrapontísticas; ou quando Haendel se aproveitou da siciliana, transformando-a de dança folclórica em ária dramática "dotada de valores até expressivos"; ou quando submeteu a mazurca e a polonesa ao virtuosismo do piano.

O *desnivelamento estético* consiste no processo contrário, quando é o povo que apreende e adota a melodia erudita. Má-

---

[11] Para este ponto, ver sobretudo o "Prefácio" das *Modinhas imperiais* (*Obras completas*, vol. XIX, São Paulo, Martins, 1964) e os dois estudos: "A modinha e Lalo" e "O desnivelamento da modinha" (*in Música, doce música*, cit., pp. 344-8).

[12] Talvez porque estivesse ideologicamente muito comprometido com a valorização da cultura popular, Mário de Andrade foi levado a sublinhar sobretudo o fenômeno da subida de nível, como atesta a polêmica com Roger Bastide, expressa nos dois artigos citados acima. A discussão com o grande mestre francês — que ele tinha na mais alta conta — deve ter abalado as suas convicções, levando-o a uma revisão de seu ponto de vista; pois no fim da vida, ao analisar o processo criador do cantador nordestino, dará igual importância aos dois movimentos complementares.

rio de Andrade julga este caso muito raro; no entanto, ele ocorreu entre nós com as modinhas imperiais, canções de salão que, a partir da segunda metade do século XVIII e por todo o século XIX, "dominaram a musicalidade burguesa do Brasil e Portugal". Tendo se originado na melódica europeia erudita, mais precisamente na ária italiana, a modinha emigrou para os saraus burgueses através das manifestações semicultas que os modinheiros coloniais e imperiais acomodaram à sensibilidade nacional, daí se difundindo pelo povo. Este processo de *desnivelamento*, além de excepcional, era do ponto de vista criador menos significativo que o processo contrário de subida de nível. Pois apesar da modinha ter se adaptado de maneira admirável ao Brasil, adquirindo "um cunho particular que nos pertence", em suas características gerais permanecia perfeitamente europeia. De certa maneira, representava aquilo que Mário de Andrade chamava uma *peça decorada* — pois quando o povo se defrontava com um estilo erudito, cujas regras era incapaz de decifrar, permanecia cautelosamente no *estágio da cópia*, não se arriscando a passar para o estágio seguinte da imitação.

3) Um fenômeno de adaptação semelhante a este ocorreu com a canção de roda brasileira de origem ibérica,[13] caracterizando por conseguinte não mais o choque entre a arte erudita e a popular (ou semiculta), mas o encontro de duas culturas po-

---

[13] Mário de Andrade, "Influência portuguesa nas rodas infantis do Brasil", *in Música, doce música, Obras completas*, vol. VII, São Paulo, Martins, 1963, pp. 81-94.

Embora Mário de Andrade não estabeleça em sua análise uma ligação entre a canção de roda e as modinhas, é evidente que os dois processos são semelhantes.

pulares, uma já perfeitamente sedimentada, outra em pleno processo de formação.

Com efeito, a migração das formas populares europeias para o Brasil transferiu para cá velhas canções, fixadas através dos tempos e bem definidas em suas características étnicas. Transportadas para um novo meio de etnia em formação, permeado de influências diversas, estas formas, cujo sentido profundo correspondia a outras realidades sociais, não conseguiram se adaptar, fecundando o processo criador. Eis como Mário de Andrade analisa o fenômeno:

> "A criança brasileira (ou quem faz isso por ela...) se mostra particularmente incapaz de criar melodia nacionalmente raçada. Si no canto do adulto já criamos uma música bem étnica, a roda infantil brasileira como texto e tipo melódico permanece firmemente europeia, e particularmente portuguesa. Si as melodias diferem e provavelmente já são originárias do Brasil; si muitas vezes já são movidas pela característica mais positiva da rítmica brasileira [...] é muito raro a gente encontrar, na roda infantil brasileira, um documento já caracteristicamente nacional."

Incapaz de se movimentar dentro de um estilo importado, a imaginação popular brasileira adotou uma solução peculiar que, evitando a subserviência da cópia, contornava a dificuldade com esperteza: submeteu os textos originais a uma combinatória muito engenhosa que ora trocava os textos, ora as melodias; ora fracionava os textos *e* as melodias; ora inventava melodias novas para textos tradicionais — e assim por diante.

Mas o exemplo mais perfeito deste processo parasitário de compor, típico do popular, seria encontrado por Mário de Andrade no improviso do cantador nordestino. Pois, apesar de todos os cantadores se jurarem autores absolutos das suas composições, os *cantos novos* são, quase sempre, peças decoradas, cujas melodias, fixadas de maneira muito insegura em seus arabescos, podem ser inventadas em cada ocasião, assumindo variantes inumeráveis.[14] É este processo bastante complexo de possessão que Mário de Andrade descreve num trecho de extraordinária importância ainda inédito em livro, servindo-se, como se pode notar, dos conceitos já referidos de *nivelamento* e *desnivelamento*:

> "O processo comum de decorar uma melodia tradicional, como de inventar uma nova, tanto em Chico Antônio como em Odilon consistia em... desnivelar a melodia tornando-a bem simples pra que ela se fixasse na memória. Mas depois de fixada em seu esquema inicial, o cantador se esmerava de novo em elevá-la de nível, individualizá-la em variações, dum legítimo canto 'hot'. Tive ocasião de pegar ao vivo este fenômeno inconsciente com o coco 'Assovio' muito generalizado [...]. Chico Antônio conhecia o coco mas não o sabia de-cor. E o cantava por isso com grandes falhas de memorização, glosando por assim dizer a melodia em riquezas e fantasias inconscientes. Mas aos poucos a linha foi se fixando nele, se depurando de tanta variedade, se empobrecendo de fantasia e de inesperado, até que se tornou fixa enfim, e, no sentido mais elevado e etimológico do termo 'vulgar'. Então essa linha, não banal, mas vulgar, será cantada interminavel-

---

[14] Chama-se "tirar o canto novo" ao momento de inspiração do cantador, quando as imagens surgem surpreendentes e atingem o surrealismo. Cf. artigo "Bazófia e humildade", *in* "Mundo Musical", *Folha da Manhã*, São Paulo, 27/1/1944. Ver, também, na mesma seção, toda a série de artigos sobre o cantador nordestino [hoje reunidos em *Vida de cantador*, edição crítica de Raimunda de Brito Batista, Belo Horizonte, Villa Rica, 1993 (N. E.)].

mente por ele em cantarolagens compridas que não acabam mais. E é então que ela vai exercer, agora que está desnivelada, aquela fascinação de efeito garantido, verdadeiro valor terapêutico na alma do povo e na minha [...]. Sabida fixamente a melodia fácil e esquemática, então o cantador principia cantando 'hot', fantasiando, glosando outra vez, mas conscientemente agora, com a intenção de variar e enfeitar. Até que atingindo outra vez a possessão [...] o cantador inventa um canto inteiramente novo."[15]

Este trecho admirável será comentado logo mais; por ora basta fixar alguns pontos que poderiam ser resumidos da seguinte maneira: o processo de "tirar o canto novo" do cantador de coco nordestino é um curioso mecanismo inventivo que joga concomitantemente com os dois recursos já analisados, o *nivelamento* e o *desnivelamento*. 1) Inicialmente, o cantador canta uma melodia *que não é sua e que decorou com falhas de memória*. 2) Sobre essa melodia tece uma série de *variações inconscientes*. 3) Enquanto a reproduz vai aos poucos empobrecendo-a até torná-la fácil, esquemática, vulgar (*etapa do desnivelamento*). 4) Só então recomeça a fantasiar sobre ela, *agora conscientemente*, com a intenção de variar e enfeitar (*etapa da elevação de nível*). Portanto: é a partir de uma preparação preliminar bastante complexa que se inicia o momento propriamente criador, quando a riqueza das variações, atuando sobre o núcleo central, torna a enrique-

---

[15] A descrição se refere ao improviso do grande cantador Chico Antônio, que Mário de Andrade ouviu no Engenho Bom Jardim, no Rio Grande do Norte, e cujo percurso inventivo analisa detalhadamente na série de "Notas sobre o cantador nordestino", *in* "Mundo Musical", *Folha da Manhã*, São Paulo, início de 1944.

cê-lo, transfigurando-o e fazendo-o ascender de novo ao nível superior da arte.

Ora, o mesmo processo se repete na elaboração do texto, que também é *aprendido de cor*. O cantador não é um artista iluminado que encontra as suas soluções de improviso; é um profissional que se prepara longamente para a prova, armazenando na cabeça uma quantidade extensa e variada de conhecimentos, recolhidos nas fontes mais diversas: no Novo e Velho Testamento, na arte da gramática, em manuais de álgebra, dicionários de fábulas, livros de mitologia e de astrologia, em velhas narrativas como a do imperador Carlos Magno, em romances de literatura de cordel. Por outro lado, procura guardar na memória desafios inteiros que se tornaram famosos no passado ou versos célebres de outros cantadores. Todo esse imenso material é fixado na lembrança por intermédio de uma infinidade de "processos mnemônicos de enchimento e mesmo de raciocínio", como "enumerações, associações de imagens, de ideias feitas, dicções estereotipadas sem lógica intelectual" etc... Deste modo, o processo surpreendente de "tirar o canto novo" não representa nenhum milagre; é um fenômeno de "traição da memória" — como o chama Mário de Andrade — provocado pelo simples desejo de vencer.

Não é arbitrário afirmar, depois desta longa exposição, que a elaboração de *Macunaíma* se encontra ligada à profunda experiência musical de Mário de Andrade; sobretudo à meditação sobre o sistema de empréstimos entre música erudita e popular que, ocorrendo em certos períodos como o Romantismo, constitui no meio do povo o processo básico de compor. *Macunaíma* erige como regra de composição este mecanismo inventivo aparentemente parasitário. Partindo de um material já elaborado e de múltipla procedência, Mário de Andrade o submeteu a toda sorte de mascaramentos, transformações, deformações, adaptações. Em certos momentos retirou do populário trechos quase sem alteração, à semelhança do que fizeram, no início da prática nacionalista, compositores como Luciano Gallet; outras vezes dissolveu, sem que ninguém percebesse, as frases populares no tecido elaborado de sua prosa, à maneira de Lorenzo Fernandes; e, constantemente, em lugar de partir de documentos anteriores ou trechos determinados, preferiu inspirar-se em normas de compor, constâncias sintáxicas, motivos rítmicos, maneiras tradicionais de cadenciar a frase, enfim, em processos "já perfeitamente anônimos e autóctones, às vezes peculiares e sempre característicos do Brasileiro", como é o caso dos compositores da última fase nacionalista.[16]

Ao lado disso, quando observado com atenção, o processo de *Macunaíma* parecia calcado diretamente em dois exemplos precisos do populário: a canção de roda e o improviso do cantador nordestino. Da primeira, retirara o mecanismo de ajuntar numa mesma sequência textos muito diversos; de projetar num texto tradicional um sentido recente; ou, ainda, de conservar basicamente um entrecho original, modificando essencialmente todos os detalhes; ou de criar uma sequência irreconhecível, sobrepondo dois relatos distintos e trocando os personagens de um pelos de outro — e, assim, indefinidamente. Quanto à influência do segundo, não era segredo: fora confessada textualmente pelo

---

[16] Ver a este respeito o *Ensaio sobre música brasileira*, que representa o manual do projeto nacionalista na música. Publicado em 1928, propõe aos músicos a transposição erudita dos elementos do populário, como ponto de partida para o estabelecimento de uma música especificamente brasileira: "O artista tem só que dar pros elementos já existentes uma transposição erudita que faça da música popular, música artística, isto é: imediatamente desinteressada".

próprio autor no momento do aparecimento do livro e ressaltava de maneira inequívoca da descrição do improviso de Chico Antônio.[17]

Efetivamente, o *canto novo* de *Macunaíma*, elaborado de "pura brincadeira, escrito na primeira redação em seis dias ininterruptos de rede de cigarros e cigarras", explodira em Mário de Andrade de forma análoga às improvisações dos cantadores do Nordeste, como a reprodução *decorada* de um aprendizado lon-

---

[17] Em carta aberta ao escritor Raimundo Moraes, datada de 20/9/1931, publicada no *Diário Nacional* e transcrita integralmente por Telê Porto Ancona Lopez, Mário de Andrade confessa como construiu o seu livro baseando-se na cópia, no plágio, na transcrição de trechos alheios — enfim, nos processos dos cantadores do Nordeste e dos rapsodos de todos os tempos. Mas se no trecho aludido o escritor se refere aos seus modelos, não explica o mecanismo do processo (ver Telê Porto Ancona Lopez, *Macunaíma: a margem e o texto*, São Paulo, Hucitec, 1974, pp. 98-100).

Para Mário de Andrade, o limite que separava a invenção do acaso, do plágio ou de certos expedientes hábeis de construção era muito tênue e duas pequenas anedotas o comprovam.

Num artigo de 1938 sobre Villa-Lobos ("As Bachianas", *in Música, doce música, Obras completas*, vol. VII, São Paulo, Martins, 1963), desenvolvendo um tema obsessivo, comenta longamente o mundo caótico, desnorteante, ainda em formação da música brasileira, onde "há um bocado de tudo". A propósito, cita uma série de semelhanças que observou entre a nossa melódica e a de outros países e lembra como encontrou uma vez, na zona dos canaviais do Rio Grande do Norte, um tocador analfabeto que lhe deu um baião "cujos compassos iniciais eram integralmente o início de uma mazurca de Chopin". Ora, esse fenômeno, que não se devia atribuir à influência e sim à coincidência e se apresentava espontaneamente no populário, podia, na música erudita, ser provocado intencionalmente pelo compositor, através de certos recursos ou *truques*. Era o caso que ele presenciara (e lhe parecera "assombroso"), ocorrido com Luciano Gallet, que "com uma pequena mudança de acentuação apenas, executava de tal forma a

go e laborioso. Era de certo modo um ato falho, a *traição da memória* do seu período nacionalista. Da mesma forma que os cantadores populares incorporavam inconscientemente, no momento agônico de *tirar o canto*, todo o aprendizado que, anos a fio, haviam acumulado, Mário de Andrade via se projetar, como que mau grado seu, no livro que expressava a essência de sua meditação sobre o Brasil, os índices do esforço feito para entender o

---

Tocata para piano de Schumann, que numa das partes se transformava completamente num maxixe carioca".

Foi a um jogo criativo desse gênero, desmascarador do preconceito de originalidade, que ele próprio se entregou certa vez. Conhecido na música sobretudo como grande crítico, Mário de Andrade foi também o compositor ocasional de uma canção, "Viola quebrada" — letra e melodia suas com acompanhamento de Villa-Lobos —, que os grandes cantores de música de câmara, seus contemporâneos, costumavam incluir frequentemente nos repertórios. Ele mesmo gostava muito de interpretá-la para os amigos, acompanhando-se ao piano. Ora, num trecho de sua correspondência, extremamente esclarecedor, declara que a peça festejada de sua autoria não era original, pois ele a havia plagiado da canção conhecidíssima "Cabocla do Caxangá", do músico e poeta popular Catulo da Paixão Cearense: "Você quer escutar uma confidência só mesmo pra você? Pois isso é o pasticho mais indecentemente plagiado que tem. No que aliás não tenho a culpa porque toda a gente sabe que não sou compositor. A 'Maroca' foi friamente feita assim: peguei no ritmo melódico da 'Cabocla do Caxangá' e mudei as notas por brincadeira me vestindo. Tenho muito costume de sobre um modelo rítmico qualquer inventar sons diferentes pra me dar uma ocupação sonora quando me visto. Assim saiu a 'Maroca' que por acaso saindo bonita registrei e fiz versos pra. Só o refrão não é pastichado da rítmica melódica da obra de Catulo. E a linha que inventei tem dois dos tais torneios melódicos que especifiquei na 'Bucólica' coisa que aliás só verifiquei agora pois nunca tinha ainda matutado nisso. Aliás o refrão não tem nada de propriamente brasileiro com aquele tremido sentimental..." (*Cartas a Manuel Bandeira*, Rio de Janeiro, Simões, 1958, p. 146, carta de 7/9/1926).

seu povo e o seu país. *Macunaíma* representava esse percurso atormentado, feito de muitas dúvidas e poucas certezas; traía a marca das leituras recentes de história, etnografia, psicanálise, psicologia da criação, folclore; atestava, em vários níveis — dos fatos de linguagem aos fatos de cultura e de psicologia social —, a preocupação com a *diferença* brasileira; mas, sobretudo, desentranhava dos processos de composição do populário um modelo coletivo sobre o qual erigia a sua admirável obra erudita.

Cícero Dias, *Macunaíma desce por este mundo afora*, s.d.,
lápis de cor e nanquim sobre papel, 14,4 x 9,3 cm,
Coleção Mário de Andrade/IEB-USP, São Paulo.

II

Páginas atrás, desenvolvendo a analogia entre a estrutura de *Macunaíma* e as formas musicais que lhe serviram de apoio, me referi ao caráter ambíguo da narrativa, atribuindo-o sobretudo ao fato da linha principal do entrecho ver-se com frequência obscurecida pela ampliação sistemática das linhas laterais. Efetivamente, a composição rapsódica que norteia o texto justapõe à cena nuclear, representada pela perda e busca da muiraquitã, um número infinito de episódios de procedência variada, que ora fornecem novos elementos para a compreensão geral do enredo, ora apenas ornamentam a ação principal, ora lhe disputam a primazia. Pertencem em parte a este último caso as duas descrições da macumba carioca e do Bumba-meu-Boi, as várias anedotas etiológicas que ponteiam a narrativa e os admiráveis racontos independentes, como os de Naipi (cap. IV), de Palauá a onça parda (cap. XIV) e de Taína-Cã (cap. XVII). Este processo heterogêneo e aparentemente indeciso de compor cria, no nível da fabulação, uma rede de despistamentos que tem confundido o leitor mais precavido. As dificuldades, aliás, não se reduzem apenas ao plano do entrecho: prosseguem na "embrulhada" cronológica (temporal) e geográfica (espacial); na indeterminação dos personagens; na dubiedade das ações — como se o autor estivesse erigindo deliberadamente em elemento expressivo básico da estrutura o heterogêneo, o indeciso, o descaracterizado. Na verdade, é o que realmente acontece, como procurarei demonstrar a seguir.

O cenário do livro, a sua concepção de aglomerado indiferenciado de lugares distintos, foi sugerido a Mário de Andrade — como ele mesmo declara — pelo processo imemorial de representar o espaço empregado pelo teatro indiano, chinês e medieval, cuja sobrevivência era encontrada nos bailados populares brasileiros.[1] Assim, ao transportar para o romance a construção rapsódica de justaposição de elementos, própria ao populário, teria sido levado naturalmente a transportar também a concepção da montagem que melhor se harmonizava a ela, isto é, a medieval.

Ao lado dessa razão estética que sem dúvida pesou em sua escolha, houve outra, pragmática, coerente com o projeto nacionalista em que estava empenhado no momento, à qual se refere nos dois prefácios que esboçou para o livro.[2] Conforme declara aí, a "embrulhada geográfica proposital" tinha por objetivo criar uma espécie de geografia, fauna e flora lendárias que, libertando-se das contingências regionais, funcionasse como um elemento unificador da grande "pátria tão despatriada", como ele certa vez chamou o Brasil.[3] Assim, se os percursos do herói — sobretudo as suas fugas desabaladas atravessando o Brasil — não seguem a lógica dos roteiros possíveis, inventam em contraparti-

---

[1] Mário de Andrade, *Danças dramáticas do Brasil*, vol. I, p. 80, nota 25.

[2] Os prefácios permaneceram inéditos até recentemente, quando foram publicados em apêndice no livro de Telê Porto Ancona Lopez, *Macunaíma: a margem e o texto*, São Paulo, Hucitec, 1974.

[3] A expressão ocorre no poema "Louvação da tarde", da série "Tempo de Maria", *in Remate de males* (1930).

da um itinerário fantástico, uma espécie de utopia geográfica, que corrige o grande isolamento em que os brasileiros vivem, substituindo-o pelo elo fraterno da vizinhança. O mapa de sua terra, que Macunaíma descortina do alto, sobrevoando o Brasil no tuiuiú-aeroplano, é de certo modo a projeção de um desejo profundo do escritor, manifestado em outros momentos de sua obra: desejo de estabelecer a identidade entre o habitante rico do Sul e o pobre seringueiro do Norte,[4] entre as cidades prósperas e superpovoadas do litoral e "o vasto interior, onde ainda a pobreza reina, a incultura e o deserto".

A indeterminação temporal da rapsódia brasileira — sublinhada por Cavalcanti Proença que, atribuindo-a a uma concepção lendária, ressaltou sobretudo o seu reflexo no plano da linguagem — substitui o conceito de vir-a-ser pela categoria temporal essencial de *coexistência*. Todos coexistem no mesmo tempo homogêneo, sem passado ou futuro, sem divisão de horas separando o trabalho do ócio, sem períodos de apogeu que contrastem com as épocas de decadência. O tempo primordial destruiu as contradições e restabeleceu a justiça, nivelando os momentos de penúria à abastança, a civilização técnica do Sul à cultura agrária e arcaica do Nordeste.

Neste espaço lendário e neste tempo primordial, circulam os personagens imprecisos e descaracterizados da narrativa. De certo modo, todos estão sujeitos a uma espécie de oscilação semântica que os envolve num halo de indeterminação, obrigando o leitor a confrontos frequentes e constantes reverificações de sentido.

---

[4] Este sentimento doloroso do alheamento entre os irmãos, provocado pelas distâncias geográficas e econômicas, é expresso em tom comovido na série "Dois poemas acreanos", in *Clã do jaboti* (1927).

Tomemos inicialmente a figura de Ci, um dos personagens impulsionadores da ação. Segundo Cavalcanti Proença, ela não foi retirada do populário: é uma invenção de Mário de Andrade, que a criou à imagem e semelhança de outras mulheres lendárias do começo do mundo.[5] No entanto, a narrativa que a apresenta em certos momentos bem caracterizada, como a Rainha da Floresta, Imperatriz do Mato-Virgem, a designa noutros momentos como Rainha das Icamiabas e, por conseguinte, equivalente indígena das amazonas, mulheres guerreiras. Ora, como cada uma dessas designações, Imperatriz do Mato-Virgem, Icamiaba, amazona, implica série distinta de atributos, a figura de Ci acaba se esfumando numa névoa imprecisa que cabe ao leitor dissipar.[6] O mesmo acontece com as figuras resultantes da fusão de entidades diversas, como por exemplo a Boiúna, que ora é a Cobra Preta, ora é Capei a Lua.

O caso mais típico desse curioso processo de superposição é o de Venceslau Pietro Pietra, o gigante Piaimã, cujo nome aliado ao cognome já impõe desde o início uma ambiguidade essencial, que logo se desdobrará no que poderíamos chamar de *ambiguidade em cadeia*. Vejamos como. O nome Pietro Pietra aponta inicialmente para a origem italiana do personagem que, a certo momento, é referido textualmente de maneira satírica: na Carta pras Icamiabas, o gigante é designado como "doutor Venceslau Pietro Pietra, subdito do Vice-Reinado do Peru, e de

---

[5] Ver M. Cavalcanti Proença, *Roteiro de Macunaíma*, São Paulo, Anhembi, 1955, p. 153, nota "Mãe do Mato".

[6] Estaria Mário de Andrade submetendo os seus personagens a um processo de oscilação semântica semelhante ao de "fluidez verbal", que examina na poesia, sobretudo no ensaio "Castro Alves" (*Aspectos da literatura brasileira*, São Paulo, Martins, 1978)?

origem francamente florentina, como os Cavalcantis de Pernambuco".[7] No entanto o seu cognome gigante Piaimã inclui duas referências contraditórias: o termo *gigante* desperta no inconsciente coletivo brasileiro associações europeias, levando o leitor a identificá-lo com os personagens malévolos de grande porte da mitologia clássica, que, preservados pelo folclore de origem ibérica, continuam presentes nas histórias da carochinha, herdadas de Portugal. Esta primeira significação *europeia* entra em choque com a conotação *indígena*, imanente a Piaimã, que no decorrer da ação será reforçada por mais duas informações suplementares: a) o gigante é casado com a Caapora; e b) tem os pés voltados para trás; ora, estes dois traços são atributos da entidade malévola da floresta, o Currupira. Mas a ambiguidade do personagem não pára nisso; Venceslau Pietro Pietra, o gigante Piaimã e, eventualmente, o Currupira, é designado ainda insistentemente como o *regatão peruano*. Por conseguinte, é *italiano* como o nome indica, indígena como indica seu cognome, o casamento com a Caapora e a curiosa implantação dos pés, e sul-americano, como a certa altura o seu criador nos informa. O gigante é, pois, um símbolo complexo e sobrecarregado, que pode ser lido de várias maneiras, conservando sempre a característica básica de antagonista. Em outras palavras, poderíamos dizer que, dentro do contexto selvagem do livro, Venceslau Pietro Pietra representa o Outro, contra o qual se atira a energia frágil mas sempre renovada do Mesmo.

Vejamos agora como se apresenta o personagem central da narrativa. A opinião corrente — da crítica e dos leitores — costuma ver em Macunaíma o símbolo do brasileiro. No entanto, num

---

[7] Cap. IX, "Carta pras Icamiabas", p. 93.

dos prefácios já citados, Mário de Andrade assim se refere à sua criação: "O próprio herói do livro que tirei do alemão de Koch--Grünberg, nem se pode falar que é do Brasil. É tão ou mais venezuelano como da gente e desconhece a estupidez dos limites pra parar na 'terra dos ingleses' como ele chama a Guiana Inglesa. Essa circunstância do herói do livro não ser absolutamente brasileiro me agrada como o quê. Me alarga o peito bem, coisa que antigamente os homens expressavam pelo 'me enche os olhos de lágrimas'".[8]

Em 1930, recebe dos Estados Unidos a primeira proposta de tradução de *Macunaíma*, que não foi levada a cabo. Em carta do mesmo ano, endereçada ao seu grande amigo, o poeta Manuel Bandeira, Mário de Andrade manifesta o temor de que a tentativa não "consiga reproduzir a essência poema-herói-cômico, do livro", concordando, no entanto, que o sacrifício do lado excessivamente brasileiro talvez fizesse ressaltar as suas características universais: "[...] talvez o Macunaíma ganhe em inglês porque muito secretamente o que me parece é que a sátira além de dirigível ao brasileiro em geral, de que mostra alguns aspectos característicos, escondendo os aspectos bons sistematicamente, o certo é que sempre me pareceu também uma sátira mais universal ao homem contemporâneo, principalmente sob o ponto de vista desta sem-vontade itinerante, destas noções morais criadas no momento de as realizar, que sinto e vejo tanto no homem de agora".[9] Como se vê, a citação revela a extrema lucidez do ar-

---

[8] Telê Porto Ancona Lopez, *Macunaíma, o herói sem nenhum caráter*, edição crítica, São Paulo/Rio de Janeiro, SCCT/LTC, 1978, p. 229 (fac-símile do segundo prefácio).

[9] Mário de Andrade, *Cartas a Manuel Bandeira*, Rio de Janeiro, Simões, 1958, pp. 318-9, carta de 12/12/1930.

Manuscrito do segundo prefácio escrito por Mário para *Macunaíma*, datado de 27/3/1928, que, como o primeiro, acabou não sendo publicado.

tista em relação à ambiguidade interna de seu personagem principal que, à semelhança dos demais protagonistas, nos impõe sempre uma leitura alternativa: Macunaíma tanto pode ser o retrato do homem brasileiro, como do venezuelano (sul-americano) ou do homem moderno universal.

Um breve episódio etiológico, narrado no capítulo "Maioridade", atesta que Mário de Andrade escolheu com a mesma precisão os índices exteriores que deveriam definir, através da aparência, a ambiguidade de sua criatura: trata-se da sequência em que a cotia, impressionada com a esperteza de Macunaíma menino, resolve lhe "igualar o corpo com o bestunto", jogando sobre o piá a lavagem da gamela:

> "Então [a cotia] pegou na gamela cheia de caldo envenenado de aipim e jogou a lavagem no piá. Macunaíma fastou sarapantado mas só conseguiu livrar a cabeça, todo o resto do corpo se molhou. O herói deu um espirro e botou corpo. Foi desempenando crescendo fortificando e ficou do tamanho dum homem taludo. Porém a cabeça não molhada ficou pra sempre rombuda e com carinha enjoativa de piá."

Ora, a anedota contém pelo menos duas intenções. Inicialmente, procura informar o leitor que a cabeça pequena "e a carinha enjoativa de piá" do personagem não são características gratuitas, mas sinais externos de uma desarmonia essencial: marcam a permanência da criança no adulto, do alógico no lógico, do primitivo no civilizado. O herói é assim definido por fora como um ser híbrido, cujo corpo já alcançou a plenitude do desenvolvimento adulto, enquanto o cérebro permanece imaturo, preso aos esquemas lógicos do *pensamento selvagem*. É a mesma contradição que, de modo mais sutil, torna a ser expressa um pouco adiante no pequeno trecho exemplar da página 41, cujos termos simetricamente opostos sublinhamos: "As lágrimas escorregando pelas *faces infantis* do herói iam lhe batizar a *peitaria cabeluda*. Então ele suspirava sacudindo a *cabecinha*".

A segunda intenção implícita no episódio da cotia é estabelecer uma comparação satírica entre o "batismo" de Macunaíma e a imersão de Aquiles nas águas do Styx;[10] isto é, a cabeça que o herói brasileiro consegue subtrair à lavagem lustral é na verdade o equivalente do calcanhar do herói grego e deve ser considerada daí em diante como o seu ponto fraco. Em resumo, o episódio em questão descreve Macunaíma como um adulto imaturo, um homem sem razão e sem projeto e, por conseguinte, como um herói vulnerável.

Mas a ambiguidade do personagem não é apenas física e psicológica; é também cultural. Através de uma série de símbolos Mário de Andrade assinala com insistência que o personagem que, no fim do percurso, retorna à sua morada já de posse do amuleto, não é o mesmo que, no início do livro, partiu em busca da muiraquitã. A narrativa descreve de maneira simétrica a ida e a volta de Macunaíma, fazendo-o nos dois casos ser protegido pelo mesmo "séquito de araras vermelhas e jandaias"; mas o retorno, que havia se iniciado de maneira triunfal, vai se transformando lentamente na retirada sem glória de um herói cansado e doente. No fim da trajetória, Macunaíma não é mais senhor de nada, nem das antigas recordações do Uraricoera, que acabam sendo suplantadas pelas lembranças das "filhinhas da mandioca" e "as saudades do sucedido na taba grande paulistana". E se uma vaga fidelidade ainda o prende à "linda Iriqui", que o espera "se enfeitando e coçando muçuim assentada nas raízes da

---

[10] Aplicando um conceito de Bakhtin, de que iremos lançar mão na terceira parte desta análise, o episódio brasileiro poderia representar uma versão *carnavalizada* do episódio grego.

samaúma", é para duas ou três páginas adiante trocá-la, sem hesitar, pela "princesinha muito chique", exclamando: "Iriqui é muito relambória, mano, mas a princesa, upa!". A própria recuperação da muiraquitã já não parece significar a garantia da felicidade, pois para se proteger na volta o herói surrupiou ao progresso alguns amuletos estrangeiros, como o revólver Smith-Wesson, o relógio Patek Philippe e o casal de galinhas Legorne.[11]

Do ponto de vista cultural, Macunaíma é também um personagem ambivalente, dúbio, indeciso, entre duas ordens de valores. É na verdade um homem degradado que não consegue harmonizar duas culturas muito diversas: a do Uraricoera, donde proveio, e a do progresso, onde ocasionalmente foi parar. Usando a terminologia de Marcuse, poderíamos dizer que ele oscila indefinidamente entre o polo de Prometeu e o de Narciso, como fica bastante claro na sua relação com o dinheiro.[12] Na cidade, está inscrito no polo de Prometeu, no âmbito do trabalho, do projeto e da escolha; no entanto, continua tendo com o dinheiro a relação selvagem, dionisíaca — ou de Narciso —, baseada nos golpes da sorte, na busca dos tesouros enterrados, na atração pelos jogos de azar. Ao contrário dos habitantes da cidade, cujos atos são ditados pela previsão e pelo lucro, o herói no fim de "tantas conquistas e tantos feitos passados [...] não possuía mais nem um tostão do que ganhara no bicho".

---

[11] No entanto, subtraído do contexto original, onde desempenhava uma utilidade prática precisa, o legado da cidade assume uma função apenas ornamental. É o que atesta o trecho da p. 196: "O herói teve medo daquela bicharada tamanha e saiu numa carreira mãe pinchando a violinha longe. A gaiola enfiada no braço dele ia batendo nos paus e o galo com a galinha faziam um cacarejo de ensurdecer. O herói imaginava que era a bicharia e disparava mais".

[12] Herbert Marcuse, *Eros et civilisation*, Paris, Minuit, 1963 (sobretudo cap. VIII).

A indeterminação semântica ou a duplicidade que rege o texto e encontra eco na concepção do cenário, dos personagens e na caracterização do herói principal, projeta-se também — como passarei a analisar — na trama narrativa, cujo enunciado segue uma orientação *dupla*.

Recapitulemos o entrecho. O núcleo central do livro se desenvolve em torno da muiraquitã; no fim do capítulo III, depois do encontro amoroso com Macunaíma, Ci retira do colar a pedra verde em forma de sauro e, antes de subir para o céu, entrega-a ao amante; a pedra mágica será perdida logo depois, no meio do capítulo IV; daí em diante, até o final do capítulo XIV, a ação se reduz praticamente à busca atribulada do amuleto, que é afinal recuperado na disputa com o gigante para escapar de novo, definitivamente, das mãos do protagonista, no terço final do último capítulo (XVII), durante a luta com a Uiara. A análise mais importante desta estrutura básica feita até o momento é a de Haroldo de Campos; por isso, é necessário começar pela sua breve exposição, para em seguida tentar retificá-la.[13]

A análise de Haroldo de Campos segue fielmente e com extrema minúcia o esquema elaborado por Propp para o conto russo de magia. Segundo ela, o livro de Mário de Andrade se desenvolveria como uma fábula, "a partir de um *dano* ou de uma *carência*, passando por funções intermediárias até um desenlace", que seria constituído por uma função final: a reparação do dano ou da carência.[14] A narrativa brasileira apresentaria, desse modo, episódios *significativos* e *subsidiários*, essenciais e ornamentais; e o seu miolo, o seu núcleo articulatório básico — aqui

---

[13] Haroldo de Campos, *Morfologia do Macunaíma*, São Paulo, Perspectiva, 1973.

[14] *Ibidem*, p. 123.

lo que constitui o seu *grande movimento sintagmático* — coincidiria em substância com a ação nuclear do conto de magia. Em resumo, seria o seguinte o esquema proposto por Haroldo de Campos:

> (aquisição da muiraquitã)
> a) dado inicial: perda da muiraquitã;
> b) competição com um antagonista: busca/luta com o gigante;
> c) remoção do malfeito: resgate da muiraquitã;
> (volta triunfal para a querência);

o que corresponderia também à forma mais simples do esquema de Greimas, onde:

> "uma situação inicial, provocada em geral de maneira imprevisível, cria ou revela a ausência de um objeto ou de uma pessoa, cuja aquisição no curso de uma andança ('errance') suscita os antagonismos, acabando por se concretizar para maior bem do herói e da comunidade a que pertence."[15]

Como se vê, trata-se de uma estrutura *progressiva*, na medida em que a aventura implicava série de provas que permitiam ao personagem *progredir* de um estado inicial de carência a um estado final de *reparação* (e de certo modo perfeição), quando se restabelecia a ordem comum.[16]

Por outro lado, a leitura de Haroldo de Campos, extrapolando para a literatura uma abordagem que fora suscitada pela cultura popular, obrigava-o a uma série de precauções, a saber:

---

[15] Citado por Paul Zumthor, *Essai de poétique médiévale*, Paris, Seuil, 1972, p. 356.

[16] *Ibidem*, p. 357.

a) a discutir e em seguida rejeitar a reserva de Propp quanto à validade de aplicação de seu esquema às formas literárias eruditas;[17]

b) a discutir e rejeitar — como improcedente no caso — a reserva de Jakobson de que "existem diferenças estruturais essenciais" entre o folclore e a literatura, representadas pela "predisposição específica do primeiro para a *langue* e do segundo para a *parole*", concluindo que "Mário de Andrade, no seu projeto, aboliu, por assim dizer (ou pelo menos suspendeu até o limite do possível), essa diferença estrutural fundamental, incorporando-a como regra de seu jogo literário [...]. Daí a ambiguidade fascinante do seu livro, que ao mesmo tempo contesta e atesta, artificial e anônimo, 'fato de *parole*' e 'fato de *langue*'";[18]

---

[17] É o seguinte o trecho de Propp (transcrito pelo próprio crítico): "Todavia, os métodos propostos neste livro antes do aparecimento do estruturalismo, como também os métodos dos estruturalistas que aspiram ao estudo objetivo e exato da literatura, *têm os seus limites de aplicação*.

São possíveis e profícuos onde nos encontremos diante de uma repetibilidade em larga escala, como ocorre na linguagem e no folclore. Mas quando a arte se torna campo de ação de um gênio irrepetível, o uso de métodos exatos dará resultados positivos somente se o estudo dos elementos repetíveis for acompanhado do estudo daquilo que nela existe *de único, daquilo para o qual até agora* olhamos como a manifestação de um milagre incognoscível." (Haroldo de Campos, *op. cit.*, pp. 63-4, grifos meus).

[18] É o seguinte o trecho de Jakobson, citado por Haroldo de Campos, *op. cit.*, pp. 71-2: "Assim como a *langue*, a obra de folclore é extra-individual e tem existência apenas potencial; é somente um complexo de normas estabelecidas e de estímulos, um esqueleto de tradições presentes que o contador vivifica mediante os ornamentos da criação individual, assim como procede o emissor da *parole* em relação à *langue* (...). A obra literária é objetivada, existe concretamente, independentemente do leitor; cada leitor subsequente retorna diretamente à obra.

c) a considerar como *narrativas apêndices* ou *processos de degradação* (na acepção de Bremond) — e não como novos sintagmas — todas as situações que, embora codificadas pelo repertório mítico, se encontravam fora do esquema do conto de magia (p. 78);

d) a considerar como episódio significativo por excelência a luta de Macunaíma com o gigante Piaimã, pois era ela que a seu ver resolvia a intriga, devolvendo ao herói o amuleto perdido;

e) a interpretar o retorno de Macunaíma à querência (ao Uraricoera) como a volta triunfal do herói ao seu ponto de partida, ao Paraíso Perdido (pp. 105 e 109). Assim, o livro que se iniciara com um "dano" (a perda da muiraquitã), atingia o seu ponto culminante com a "remoção do malfeito ou da falta" (a recuperação da muiraquitã e a volta à querência) (p. 78).

Tentarei agora discutir a posição de Haroldo de Campos, para adotar um ponto de vista diferente do seu. Em primeiro lugar, levando mais a sério as reservas feitas por Propp e Jakobson quanto à validade de aplicação à literatura dos métodos surgidos para estudar o folclore; em segundo lugar, confiando menos nas analogias que propõe entre *Macunaíma* e o conto de magia; e, por último, procurando ressaltar na rapsódia brasileira os traços

---

Não há, como no folclore, um percurso de contador a contador, mas ao invés um caminho que parte da obra para o leitor (...). Uma obra de folclore, considerada do ponto de vista do contador, representa um fato da *langue*, isto é, um fato extra-individual, estabelecido independentemente desse contador, ainda que admita a deformação e a introdução de novo material poético ou cotidiano. Para o autor de uma obra literária, esta aparece como um fato da *parole*; não é dada *a priori*, mas depende de uma realização individual (...). Uma diferença essencial entre o folclore e a literatura consiste, portanto, na predisposição específica do primeiro para a *langue*, da segunda para a *parole*".

que justamente a definem como uma obra literária e valorizando, por conseguinte, os *afastamentos* que apresenta em relação ao esqueleto de normas e tradições que lhe serviram de estímulo.

A observação de Propp, de que "os métodos [...] que aspiram ao estudo objetivo e exato da literatura têm os seus limites de aplicação" e são fecundos sobretudo no campo da linguagem e do folclore, mas incompletos quando aplicados à literatura, não foi levada em consideração por Haroldo de Campos, que não completou, como sugeria Propp, a análise das coincidências entre a estrutura de *Macunaíma* e do conto russo de magia pelo "estudo daquilo que nela [na arte] exista de único" e irredutível. Não houve, por parte do crítico brasileiro, preocupação em verificar se, independente das analogias que estava descobrindo, a estrutura do livro apresentava uma lógica autônoma que, em vez de remeter o leitor ao universo *extra-individual* de *existência apenas potencial* da fábula, procurasse estabelecer um liame com a produção *individual, de existência concreta* da *obra literária*; e ainda, que mesmo permanecendo no plano da estrutura, ensaiasse relacioná-la com o complexo sistema formal do escritor. Pelo contrário, reduzindo o livro simbólico, alusivo, elaborado e inextricavelmente ancorado no universo ideológico do escritor a "um complexo de normas estabelecidas e estímulos", a "um esqueleto de tradições" que a criação individual se limitara a ornamentar e unificar mais ou menos, Haroldo de Campos acabou reduzindo um fato admirável de *parole* à banalidade da *langue*.

Aliás, não me parece exato afirmar, como fez o crítico brasileiro, que a originalidade do projeto artístico de Mário de Andrade consistiu em ter abolido ou suspendido "até o limite do possível" a diferença estrutural fundamental entre *langue* e *parole*, para incorporá-la como regra do jogo literário. Pois esta conversão sistemática não era acaso uma das constantes mais frequentes de toda a arte moderna? Na verdade, como procurei demonstrar na primeira parte,[19] Mário de Andrade apenas recorreu em *Macunaíma* a uma prática artística usual, que as vanguardas haviam revalorizado e ele, como estudioso do folclore, reencontrara nos processos populares. Mais tarde Lévi-Strauss, refletindo sobre as artes plásticas, irá analisar este fato com extraordinário brilho nos casos tão intrigantes para a estética contemporânea das *colagens*, dos *objets trouvés*, dos *ready-made*;[20] e recentemente as traduções dos livros de Bakhtin mostrariam que há muito o genial crítico russo havia definido o processo como característico da arte carnavalizada de todos os tempos, estudando-o mais detalhadamente em Rabelais, portanto no Renascimento.[21]

Finalmente, voltando aos reparos a Haroldo de Campos, o que constituiu a meu ver a fragilidade maior de seu enfoque foi ter projetado num livro, cujas componentes eram todas ambíguas e ambivalentes, uma leitura unívoca, que rejeitava os desvios da norma, para fazer a obra de arte caber à força no *modelo* de que, fatalmente, teria de extravasar. Vou dar alguns exemplos para esclarecer melhor a divergência do meu ponto de vista.

Para Haroldo de Campos, o miolo estrutural propriamente dito de *Macunaíma*, a sua grande sintagmática, era a competição com Piaimã, que permitia a recuperação do amuleto e, por

---

[19] Refiro-me à análise da terminologia utilizada por Mário de Andrade de *nivelamento* e *desnivelamento*.

[20] Georges Charbonnier, *Entretiens avec Claude Lévi-Strauss*, Paris, Plon/Julliard, 1961. Ver sobretudo o capítulo "Art naturel et art culturel".

[21] Mikhail Bakhtin, *La poétique de Dostoïevsky*, Paris, Seuil, 1970 [*Problemas da poética de Dostoiévski*, Rio de Janeiro, Forense Universitária, 1997, 2ª ed., tradução de Paulo Bezerra (N. E.)]; e *L'oeuvre de François Rabelais et la culture populaire au Moyen Âge et sous la Renaissance*, Paris, Gallimard, 1970 [*A cultura popular na Idade Média e no Renascimento: o contexto de François Rabelais*, São Paulo, Hucitec/Annablume, 2002, 5ª ed., tradução de Yara Frateschi Vieira (N. E.)].

conseguinte, justificava a identificação com a estrutura do conto de magia. Ora, a defesa desta posição implicava *alguns esquecimentos* que, por coincidência, ligavam-se todos ao episódio de Vei — como se o crítico suspeitasse inconscientemente que ele ameaçava a supremacia da sequência do gigante, comprometendo por conseguinte a analogia que vinha defendendo. De fato, o enfoque de Haroldo:

a) *ignorou*, simplesmente, a declaração feita por Mário de Andrade, num dos prefácios, que o episódio de Vei e suas duas filhas era uma das alegorias centrais do livro;

b) não se referiu à coincidência curiosa do episódio em questão (que a certa altura do livro se fracionava para só reaparecer nas últimas páginas) ter como consequência a perda final da muiraquitã e, portanto, opor-se numa simetria invertida ao episódio de Piaimã, que marcara a recuperação do amuleto. Ora, esta simetria apresentava Macunaíma no primeiro episódio como um personagem *derrotado* e, no segundo, como um personagem *vitorioso*; que sentido teria esta contradição?

c) não levou em conta o fato da sequência de Vei constituir, juntamente com a Carta pras Icamiabas, o *centro do livro*, estando portanto colocada na posição estratégica que, segundo Jakobson, marca em geral o clímax da ação;

d) não percebeu — como aliás, grande parte dos amigos e contemporâneos do escritor — que a Carta pras Icamiabas desempenhava uma função importante na estrutura da obra; por isso tomou-a como um capítulo autônomo e ornamental, como pura exibição de virtuosismo linguístico, quando era na verdade um comentário satírico da escolha desastrada do herói que acaba de preferir a portuguesa às filhas de Vei;[22]

---

[22] Apesar de indispensável na estrutura da obra, a Carta pras Icamiabas

e) num ponto ainda divirjo da interpretação de Haroldo de Campos: quando identifica a recuperação da muiraquitã com a reparação do dano, interpretando a volta de Macunaíma ao Uraricoera como uma volta triunfal.[23] É verdade que o próprio Mário de Andrade incita à confusão, ao afirmar, no começo do capítulo XV, iniciando a viagem de retorno do herói, que, por causa da muiraquitã recuperada, Macunaíma e os irmãos "se sentiam marupiaras outras vez" e "tudo ficara mais fácil". Mas sendo Mário de Andrade um grande manejador de contradições, é preciso tomar cuidado com as suas armadilhas. De fato, a muiraquitã fizera inicialmente o herói feliz no amor e marupiara na caça e na pesca; enriquecera também o seu interceptador Venceslau Pietro Pietra, "que parava fazendeiro e baludo lá em São Paulo"; mas, uma vez recuperada, acarreta paradoxalmente, depois da luta com o gigante, a tristeza, a doença, a desolação e por fim a desgraça. O capítulo que segue a vitória do herói (capítulo XV) já o põe às voltas com os mosquitos, as baratas, os monstros: o bicho Pondê, Mapinguari, Oibê, o Lobisomem; o capí-

---

não teve, mesmo entre os companheiros de geração de Mário de Andrade, uma aceitação unânime: as opiniões se dividiram, desde o elogio mais exaltado até o franco repúdio. Manuel Bandeira, por exemplo, cujo julgamento o escritor acatava acima de todos os demais, não gostava do trecho; achava-o pretensioso e muito longo. A correspondência dos dois amigos testemunha uma discussão que se prolonga por várias cartas e termina com um compromisso de Mário de Andrade: "Reduzo um pouco e isso mesmo porque já sentia que estava comprido por demais. Você conseguiu fortificar o sentimento. No resto os argumentos de você são de ordem puramente sentimental e não de ordem crítica e são inaceitáveis. Não gosto porque não, porque é pretensioso, porque me aporrinha, são argumentos sem valor intelectual. Vá juntando outros pra desembuchar aqui" (Mário de Andrade, *Cartas a Manuel Bandeira*, p. 364, carta de 7/11/1927).

[23] Mais adiante voltaremos a este ponto.

tulo XVI introduz no seu roteiro as doenças: o mal de Bauru, a zamparina, a moléstia de Chagas, a opilação; no capítulo XVII o herói já *se arrasta* até a tapera, na solidão e no silêncio, sentindo-se abandonado como "defunto sem choro"; logo mais cairá destroçado nos braços da Uiara, perdendo para sempre o talismã. Onde podemos ler o triunfo?

Se tentássemos, a partir deste momento, pôr entre parênteses a analogia com o conto russo, deixando aflorar numa leitura relativamente inocente a morfologia profunda da rapsódia brasileira, veríamos que ela é regida não por *um*, mas por *dois* grandes sintagmas antagônicos: o primeiro é representado pelo confronto de Macunaíma com o gigante Piaimã, e dele o herói sai *vitorioso*, recuperando a muiraquitã; o segundo é representado pelo confronto de Macunaíma com Vei a Sol, episódio fracionado em duas sequências complementares, que chamaremos da *escolha funesta* e da *vingança* — e dele o herói sai *vencido*, perdendo para sempre a pedra mágica. Assim, ao invés da narrativa brasileira seguir o movimento progressivo do conto russo, evoluindo do *dano* para a *reparação do dano*, se submete a um movimento *regressivo*, em que a aventura evolui de um primeiro dano provisório a um segundo dano definitivo, com um tempo intermediário que de certo modo se anula. A estrutura seria portanto de *retorno* e corresponderia ao seguinte esquema:

1. perda da muiraquitã
2. busca/luta com o gigante   } *1º sintagma*
3./1. recuperação da muiraquitã }
   2. volta/luta com Vei   } *2º sintagma*
   3. perda final da muiraquitã   }

Em certo momento do seu livro, permitindo que a sua admirável acuidade crítica se manifestasse, Haroldo de Campos percebeu que os dois sintagmas do gigante Piaimã e de Vei a Sol se cruzavam efetivamente no interior da narrativa; ou melhor, se defrontavam numa posição inversamente simétrica em relação a um eixo, e que o jogo das suas oposições era marcado rigorosamente por certos elementos expressivos.[24] Infelizmente, não pôde levar adiante a descoberta, pois ela estava em contradição flagrante com o projeto em que se havia empenhado. Vou retomar por conta própria a sua observação estabelecendo inicialmente um esquema que tenta sintetizar o jogo expressivo dos dois sintagmas:

1º sintagma	*2º sintagma*
Confronto/vitória de Macunaíma sobre Piaimã.	Confronto/derrota de Macunaíma por Vei a Sol.
Macunaíma enxerga "um passarinho verde e fica satisfeitíssimo".	Macunaíma ouve o "pio agourento do tincuã e treme".
Macunaíma recupera a muiraquitã e após vencer o gigante, exclama: "Muiraquitã, muiraquitã de minha bela, vejo você mas não vejo ela".	Macunaíma perde a muiraquitã definitivamente e grita: "Lembrança! Lembrança da minha marvada! Não vejo nem ela, nem você, nem nada".

Como se vê, o sintagma que narra o confronto/vitória de Macunaíma com o gigante Piaimã é ponteado pelos *símbolos*

---

[24] Haroldo de Campos, *op. cit.*, p. 237.

positivos: o *passarinho verde*, emblema da alegria, a felicidade do herói (Macunaíma fica *satisfeitíssimo*), a designação que proclama a formosura da amada (*minha bela*). Em oposição, como prenúncio das consequências que irão advir da escolha funesta, o segundo sintagma é reforçado pelos *símbolos negativos*: o pio *agourento* do tincuã, o *medo* do herói (Macunaíma *treme*), a convicção do *tempo irrecuperável* (*Lembrança! Lembrança!*), da *crueldade* da amante (*minha marvada*) e do sentimento difuso de privação (*não vejo nem ela, nem você, nem nada*).

Logo mais, quando analisar a significação do episódio de Vei, procurarei demonstrar que o primeiro sintagma, relacionado à vitória de Macunaíma contra Piaimã, se refere aos valores primitivos, simbolizados pelo Uraricoera; e o segundo, que descreve a derrota de Macunaíma diante de Vei, representa a atração perigosa da Europa, expressa na união com a portuguesa.

Desde o início desta segunda parte do meu ensaio, estou tentando analisar o grande dilaceramento que se projeta em todos os níveis da narrativa. Ora, este universo poderosamente ambivalente, que encontra a sua mais bela expressão estrutural no cruzamento dos dois sintagmas inversamente simétricos, é de certo modo sintetizado em dois dísticos que atravessam o livro de ponta a ponta:

> "Ai! que preguiça!..."

e

> "Muita saúva e pouca saúde os males do Brasil são."

Ora, não é difícil verificar que as duas frases expressam conteúdos opostos. A primeira, bastante clara, quase não precisa de explicação: representa a apologia do ócio e é simétrica ao primeiro sintagma, cujo sentido reforça. A segunda, bem mais complexa, inclui várias referências e exige por isso um exame detalhado.

Conforme nota do próprio autor para a tradução americana, a frase "Muita saúva e pouca saúde os males do Brasil são" "é muito importante na significação satírica do livro e está criada ritmicamente à maneira de um provérbio". Na verdade ela funde, como observa Cavalcanti Proença, duas frases célebres da história cultural brasileira: a de Saint-Hilaire: "Ou o Brasil acaba com a saúva ou a saúva acaba com o Brasil" — que sintetiza as referências feitas por todos os cronistas aos estragos causados por essas formigas nas lavouras dos colonizadores — e a expressão *pouca saúde*, metonímia da sentença do grande médico brasileiro Miguel Pereira: "O Brasil é ainda um vasto hospital".[25] Ela é, portanto, uma dupla alusão fortemente imbuída de significações para o inconsciente coletivo, que a poderá ler da seguinte maneira: "O Brasil é um país à mercê de dois males: das saúvas, que atacam as suas lavouras, e das moléstias, que fazem dele um povo de pouca saúde; daí ele estar condenado a duas tarefas: acabar com a saúva para que a saúva não acabe com ele, e acabar com as moléstias (e pouca saúde) para que estas não o transformem num vasto hospital".

Deste modo, se a exclamação "Ai! que preguiça!..." exprimia o desejo ancestral de se ver reincorporado ao âmbito do Uraricoera e da muiraquitã — a tudo aquilo, enfim, que nos definia como *diferença* em relação à Europa —, a metonímia germinada ("Ou o Brasil acaba com a saúva ou a saúva acaba com o Brasil") instalava no discurso a exigência de uma escolha, que só podia ser feita do lado dos valores ocidentais do trabalho. Os dois

---

[25] Esta frase se encontra no discurso admirável pronunciado pelo grande médico por ocasião do regresso de Aluísio de Castro da República Argentina e causou na época grande impacto popular, transformando-se com o tempo em frase feita (Miguel Pereira, *À margem da medicina*, Rio de Janeiro, Castro, Mendonça & C., 1922, p. 94).

dísticos resumiam, por conseguinte, as contradições insolúveis espalhadas pela narrativa, a tensão entre o *princípio do prazer* e o *princípio de realidade*, entre a tendência espontânea a mergulhar no repouso integral do mundo inorgânico, no Nirvana, e o esforço de obedecer aos imperativos da realidade, da luta pela existência, das restrições e das renúncias, que caracterizam a civilização e o progresso, simbolizados em Prometeu.[26]

A referência a Marcuse não é gratuita, pois a descrição que faz em *Eros e civilização* da grande tensão que dilacera o homem contemporâneo se adapta, de maneira adequada, não só ao universo dividido de *Macunaíma* e ao corpo de ideias de Mário de Andrade, mas, sobretudo, à sua poesia. Daí a pequena digressão que se segue.

Nas grandes meditações que representam uma das partes mais importantes de sua obra poética, o destino do Brasil se cruza e confunde com o destino pessoal do escritor, e os temas se organizam quase sempre aos pares, opondo-se simetricamente como as duas faces da mesma medalha. É assim que se a "Louvação da tarde" canta o descanso do fim do dia, o momento de sonho e evasão que é também o da criação artística, a "Louvação matinal" celebra o início da jornada de trabalho, da decisão e do projeto. O mesmo ocorre com os dois grandes poemas fluviais "A meditação do Tietê" e o "Rito do irmão pequeno", onde o curso paciente do rio paulistano e as silenciosas regiões alagadas da Amazônia delimitam dois campos opostos, onde se situam, de um lado, a personalidade construída, o *ethos*, de outro, o ser primordial.

---

[26] Herbert Marcuse, *Eros et civilisation*, cit. (ver os capítulos iniciais do livro, sobretudo o cap. VIII: "Les images d'Orphée et de Narcisse").

Esta fratura que cinde curiosamente as meditações, fazendo com que uma desdiga aquilo que a outra afirma, também pode se localizar no interior de um único verso ou no jogo de oposição de duas imagens. É o que ocorre com o belo verso de mocidade, que tomamos como epígrafe:

"Sou um tupi tangendo um alaúde!"

ou com o uso sistemático de certas imagens antitéticas como montanha e margem, rio e lagoa, boi e preguiça (bicho).

Com efeito, uma das imagens antitéticas prediletas de Mário de Andrade é *Pirineus e caiçaras*. Ora, se o primeiro termo da oposição designa a cordilheira entre a França e a Espanha, e é, por conseguinte, uma metáfora de *bloqueio* e de *altitude europeia*, o segundo, de origem indígena, significa, na acepção que em geral Mário de Andrade lhe dá, "cercado de madeira, à margem de um rio, para embarque de gado",[27] tendo, por conseguinte, uma *conotação brasileira de planura*. Coisa semelhante acontece com a oposição rio/lagoa, em que *rio* indica caminho, aventura, ambição inquieta, e *lagoa* — muitas vezes identificada a *porto* —, lugar estável, ponto de chegada, paz dissolvente, indiferença. Quanto à antítese boi/preguiça, representa, de modo geral, uma duplicação da oposição anterior, podendo os dois pares de imagens funcionar como pares intercambiáveis. No entanto, como já foi assinalado no início deste ensaio, *boi* é a grande marca do destino escolhido, a metáfora preferencial para a personalidade ética e portanto europeia; enquanto *preguiça* encarna o ócio e a indiferença, o abandono àquela "filosofia fatigada da existência", desprovida de prazeres e dores, fundamentada no calor e na

---

[27] *Grande dicionário brasileiro*, São Paulo, Melhoramentos, 1937.

umidade, que Mário de Andrade pretendia realizar no fim da vida, junto a um dos pequenos rios da Amazônia.

Em resumo — e concluindo a digressão —, foi o conhecimento da fissura profunda que fere todos os setores da reflexão de Mário de Andrade, e se manifesta na poesia de maneira obsessiva pela oposição incessante das imagens, que me levou a destacar o episódio de Vei. Pois, como iremos ver agora, reatando as pontas da nossa meada, é dele que podemos desentranhar os argumentos mais claros da grande discussão do livro.

Num texto de 1943, escrito para um semanário de província, Mário de Andrade explica detalhadamente o episódio de Vei que, como já foi dito, considera uma das alegorias centrais do livro e está dividido em dois tempos, o primeiro no capítulo VII e o segundo no capítulo XVII.[28] A análise que segue se baseia em parte nesse testemunho importante de suas intenções, que procurei concatenar melhor, acrescentando-lhe outros elementos; sobretudo tentando estabelecer uma certa conexão entre o que está dito aí e a filosofia de Keyserling, que, como o próprio autor declara, constitui uma das referências de sua meditação sobre o Brasil.[29]

Por uma questão de método, é recomendável começar pela recapitulação das duas sequências do entrecho: Vei a Sol, que

---

[28] O texto é transcrito por Telê Porto Ancona Lopez, *Macunaíma: a margem e o texto*, pp. 101-2.

[29] A primeira pessoa a chamar a atenção para a influência da filosofia de Keyserling sobre o pensamento de Mário de Andrade foi Telê Porto Ancona Lopez (ver *Mário de Andrade: ramais e caminho*, pp. 111 e ss.). Embora acatando a extrema importância de sua descoberta, discordo em muitos pontos de sua interpretação, como me parece ressaltar da rápida análise que faço do episódio.

vinha navegando em sua jangada com as três filhas, encontra Macunaíma tremendo de frio numa ilhota deserta da baía da Guanabara. Recolhe-o a bordo e entrega-o às moças que o limpam e adormecem com carícias. Quando o herói acorda, a embarcação já está abicada no Rio de Janeiro e Vei lhe propõe uma de suas filhas em casamento. Ele agradece, promete que sim, jurando pela mãe, mas logo esquece o compromisso: "nem bem a futura sogra se afasta, não se amola mais com a promessa e sai à procura de mulher. E se amulhera com uma portuguesa, o Portugal que nos herdou os princípios cristãos europeus". Esta é a primeira parte da alegoria. Terminado o capítulo, Mário de Andrade praticamente a abandona para só retomá-la no fim do livro, quando Macunaíma chega de volta ao Uraricoera, exausto e comido pela maleita. É então que a velha Sol, lembrando a afronta sofrida, trama apanhá-lo nas malhas da vingança. Mas — como já vimos — o contato com o progresso modificara gradualmente o herói, habituando-o aos padrões europeus; Vei sabe, portanto, que para ser bem-sucedida precisa europeizar também os instrumentos de castigo. E por isso empresta à miragem com que o atrai a tonalidade geral europeia, fazendo a água "forçadamente fria naquele clima do Uraricoera e naquela hora alta do dia" e disfarçando a aparência ameríndia da Uiara sob os traços lusitanos de Dona Sancha. Macunaíma resiste durante algum tempo ao embuste, mas afinal acaba cedendo e "se atira na água fria, preferindo os braços da iara ilusória". Então os bichos da água o reduzem a um "frangalho de homem" e ele perde para sempre a muiraquitã, "o amuleto nacional que lhe dava razão de ser".

Acompanhemos agora Mário de Andrade na explicação que nos dá de sua alegoria. As filhas de Vei — "filhas da luz", "filhas do calor" — representam as grandes civilizações tropicais como a Índia, o Peru, o México, o Egito, civilizações que se realizaram em torno de valores culturais muito diversos do Ocidente e que teriam se harmonizado melhor com as nossas condições geográficas e climáticas. Por conseguinte, posto na situação de escolher entre as filhas de Vei e a portuguesa (o Ocidente), Macunaíma devia ter optado pela primeira; esta seria a decisão acertada, coerente com a ação central do livro, a busca do amuleto. Agindo assim, o herói estaria inscrevendo o seu destino no âmbito do Uraricoera, dando coerência à luta com o gigante e fazendo juz à recuperação da muiraquitã. Enfim, estaria se esforçando por "se organizar numa vida legítima e funcional", que transformasse "o caos interior de suas disposições naturais, num cosmo organizado em torno de um centro de gravidade". Ao contrário, a escolha que efetua — inicialmente da portuguesa e, no final da narrativa, de Dona Sancha (pois ludibriado por Vei toma a Uiara ameríndia por uma das filhas de mani) — estava em desacordo com a aventura em que se lançara: representava uma acomodação aos princípios cristãos europeus e estabelecia, portanto, uma relação desarmoniosa entre o núcleo de sua personalidade e uma civilização que correspondia a "outras necessidades sociais e outros climas".

As duas sequências formam, portanto, um todo perfeitamente orgânico dentro da estrutura da narrativa, onde desenham a sua alegoria central. A vingança de Vei, complementar à proposta rejeitada de casamento, representa a consequência funesta de uma escolha desastrada. O episódio, no entanto, não constitui apenas a discussão figurada da tese central do livro; mas de certo modo resume e antecipa o longo debate sobre a identidade brasileira, que nunca mais abandonará a reflexão atormentada do escritor.

36 MÁRIO DE ANDRADE

balanços chegando e partindo a brincadeira es-
quentava até que não aguentando mais o imperador partia tambem no vôo da rede num embalanço
final.

Outras feitas mais raras e mais desejadas o
heroi jurava pela memória da mãi que não havia
de ser perverso. Então Ci enrolando os braços e as
pernas nas varandas da rede numa reviravolta fi-
cava enfrentando o chão. Macunaíma vinha por
debaixo, enganchava os pés nos pés da companheira, as mãos nas mãos e se erguendo do chão com
esfôrço principiavam brincando assim. Dava uma
angustia de proibição êsse geito de brincar. Care-
cia um esfôrço tamanho nos musculos todos se sus-
tentando, o corpo do heroi sempre chamado puxa-
do pelo pêso da Terra. E quando a felicidade estava pra dar flor o heroi não se vencia nunca,
mandando juramento passear. Abria alargados os
braços e as pernas, as varandas da rede afrouxa-
vam e os companheiros sem apôio tombavam com
baque sêco no chão. Era milhor que Vei, a Sol!

Ci tiririca se erguia sangrando e dava sovas
tremendas no heroi. Macunaíma adormecia no chão
entre pauladas, não podendo viver mais não de
tanta felicidade. Era assim.

Nem bem seis meses passaram e a Mãi do Mato
pariu um filho encarnado. Macunaíma ficou de repouso o mês de preceito porém se recusou a jejuar.
O pecurrucho tinha cabeça chata e Macunaíma in-

Página da primeira edição de *Macunaíma*
anotada por Mário de Andrade.

III

A certa altura da primeira parte desta análise (p. 22), transcrevi um trecho de Mário de Andrade ao qual gostaria de tornar a remeter o leitor, pedindo que atente agora para uma afirmação que naquele momento não achei oportuno sublinhar: que a canção de roda brasileira, não obstante as diferenças melódicas e mesmo rítmicas que já lhe conferem uma característica "mais positiva" nacional, "como texto e tipo melódico permanece firmemente europeia, e particularmente portuguesa".

Este conflito entre a velha herança europeia e as fontes locais de inspiração, que Mário de Andrade examina no ensaio "Influência portuguesa nas rodas infantis do Brasil",[1] não era a seu ver característico apenas das canções de roda, mas constituía um traço diferenciador permanente das manifestações do nosso folclore musical. No *Ensaio sobre música brasileira*[2] a ideia se encontra muito bem desenvolvida, quando discute o problema do ritmo e mostra que a tensão também ocorre entre a rítmica

---

[1] In *Música, doce música*, *Obras completas*, vol. VII, São Paulo, Martins, 1963, p. 81.

[2] O *Ensaio sobre música brasileira* foi publicado em 1928 — no mesmo ano, portanto, que *Macunaíma*.

"já organizada e quadrada que Portugal trouxe da civilização europeia pra cá" e a rítmica oratória, fraseológica, prosódica, "sem medição isolada musical", que caracteriza as músicas ameríndias e africanas. A consciência desse conflito não deve no entanto se transformar em reação contra Portugal — concluía — pois a música brasileira já se acomodou tanto às coincidências e influências díspares como às tensões, "fazendo disso um elemento de expressão musical".

Ora, tenho a convicção que, ao elaborar *Macunaíma*, Mário de Andrade transpôs para a literatura, de maneira intencional e crítica, o conflito que observara com tanta acuidade na música entre a tradição europeia herdada de Portugal e as manifestações locais, populares, indígenas ou africanas. Assim, levando adiante a analogia que venho estabelecendo desde o início entre a música popular e o processo de composição de *Macunaíma*, pretendo demonstrar nesta terceira parte que, independentemente dos mascaramentos sucessivos que emprestam à narrativa um aspecto selvagem, o seu núcleo central permanece *firmemente europeu*.

A hipótese que levanto é que *Macunaíma* pode filiar-se, sob certos aspectos, a uma remota tradição narrativa do Ocidente, o romance arturiano, que por sua vez desenvolve um dos arquétipos mais difundidos da literatura popular universal: a busca do objeto miraculoso, no seu caso, o Graal.[3] A narrativa se reportaria, por conseguinte, a dois sistemas referenciais diversos,

---

[3] Segundo J. Vendryès ("Le Graal dans le cycle breton", *in Lumière du Graal*, Paris, Les Cahiers du Sud, 1951, p. 75), o tema da busca é encontrado também em literaturas não-europeias, como a da Índia. Na Europa ocorre desde a Antiguidade Clássica, a ele se ligando o velho mito dos argonautas à busca do tosão de ouro, dos doze trabalhos de Hércules etc.

que às vezes se sobrepõem: o primeiro, ostensivo e contestador, aponta para a realidade nacional, baseando-se no repertório variado das lendas e da cultura popular; o segundo, subterrâneo, evoca a herança europeia e uma linhagem centenária. O interesse do livro resulta assim, em larga medida, dessa "adesão simultânea a termos inteiramente heterogêneos",[4] ou melhor, a um curioso jogo satírico que oscila de maneira ininterrupta entre a adoção do modelo europeu e a valorização da diferença nacional. Antes de procedermos propriamente à comparação entre a rapsódia de Mário de Andrade e o romance arturiano, vejamos alguns exemplos mais gerais desse procedimento.

---

[4] A expressão é de Roberto Schwarz, que, num livro recente de extrema importância, ao traçar a evolução do romance brasileiro de José de Alencar a Machado de Assis, analisa a "dualidade formal" que caracteriza a narrativa de Alencar. A seu ver ela deriva do fato de assumir uma "adoção acrítica do modelo europeu"; isto é, em vez de procurar resolver o problema da nossa *diferença*, acaba confrontando termos inteiramente heterogêneos como a forma europeia do progresso e da cultura e "as relações sociais tradicionais". Este contraste dá origem a uma literatura mal resolvida, regida pela desproporção e dualidade formal, de que Alencar é o melhor exemplo.

No entanto, o "efeito desencontrado" — prossegue Roberto Schwarz — que compromete José de Alencar, será incorporado à estrutura como "efeito satírico" por Machado de Assis, que o transforma em "um dado inicial e previsto da construção". É este traço que dará ao romance brasileiro a grande tonalidade machadiana, ao "relativizar a pretensão enfática do temário europeu, retirar ao temário localista a inocência da marginalidade, e dar sentido calculado e cômico aos desníveis narrativos, que assinalam o desencontro dos postulados reunidos no livro" (cf. Roberto Schwarz, *Ao vencedor as batatas*, São Paulo, Duas Cidades/Editora 34, 2000; sobretudo pp. 70-3).

Ora, levando adiante a posição de Roberto Schwarz, creio seria possível afirmar que *Macunaíma* é o ponto extremo dessa trajetória, quando a exploração do desencontro já é feita em registro grotesco.

Logo no começo de *Macunaíma*, às páginas 11 e 12, o autor introduz no entrecho, de maneira insólita, o tema europeu do *príncipe encantado*, que contrasta violentamente com a atmosfera indígena dominante. A transformação do personagem em *príncipe lindo* e *príncipe fogoso*, sugerida pelos contos europeus de metamorfose, como "A bela e a fera" ou "O papagaio do limo verde", não é uma brincadeira inconsequente, mas um símbolo intencional da nossa flutuação cultural. A substituição da aparência original de Macunaíma, negro e selvagem, pela figura bela e aristocrática do herói europeu que o nosso folclore herdou, traduz com admirável eficiência a incapacidade brasileira de se afirmar com autonomia em relação ao modelo ocidental. O mesmo se poderia dizer do pequeno episódio final do livro (p. 186), quando o prestígio europeu da "princesa muito chique" desqualifica aos olhos de Macunaíma o encanto agreste de Iriqui, a heroína nacional.

Aliás, a oscilação entre o modelo europeu e a diferença brasileira rege de certo modo todo o comportamento erótico de Macunaíma, como atesta o episódio de Vei e suas filhas. No relato de Mário de Andrade estas são denominadas também "filhas do calor" e "filhas da luz", perífrases que sugerem a sua mestiçagem; por isso, são rejeitadas pelo herói, que já aderiu aos padrões ocidentais de beleza e prefere a elas, primeiro, a portuguesa e, no fim do romance, Dona Sancha, "cunhã lindíssima alvinha", como as princesas dos contos da Carochinha.[5]

Porém, mais do que essa identificação com o universo europeu em geral, *Macunaíma* representa em muitos aspectos, como já foi aludido, uma retomada satírica do romance de cavalaria.

---

[5] No trecho mencionado, Dona Sancha é referida de maneira indireta através da metonímia "toda coberta de ouro e prata", frase retirada da canção de roda infantil de origem portuguesa: "Senhora Dona Sancha/ Coberta de ouro e prata...".

Antes de examinarmos em que medida isso se dá, comecemos, para melhor compreensão da análise, por uma breve referência ao romance arturiano.

Segundo Cedric Edward Pickford, quando Geoffrey de Monmouth e Chrétien de Troyes lançaram em fins do século XII a legenda arturiana, "inauguraram uma literatura que foi lida, copiada e admirada durante três séculos" e cuja influência atuou de modo decisivo na literatura posterior, plasmando a conduta cavaleiresca dos nobres.[6] No início, em *Persival ou o Conto do Graal*, de Chrétien de Troyes, a característica dominante é guerreira; mas logo começam a se esboçar traços de nítida conotação mística, anunciando a passagem à cavalaria celestial.[7] Por outro lado, embora os valores mais altos permaneçam a cavalaria e o sacerdócio, e a palavra *aventura* assuma o sentido de "prova sublinhando o sentimento heroico da vida",[8] o romance já dedica um interesse acentuado à descrição dos trajes, joias e recepções mundanas, refletindo a formação do novo público feminino a que se dirige.

O *Lancelot* de Robert de Boron, que vem em seguida, continua essa tradição cavaleiresca e feudal; mas o romance em prosa mais célebre do ciclo é a *Busca do Santo Graal* (*Queste del Saint Graal*). Este "vasto drama simbólico da condição humana tomada entre o pecado e a beatitude e permeado de provas de sig-

---

[6] Cedric Edward Pickford, *L'évolution du roman arthurien en prose vers la fin du Moyen Âge*, Paris, A. G. Nizet, 1960, p. 9.

[7] Segundo Paul Zumthor (*Histoire littéraire de la France médiévale*, Paris, PUF, 1954, p. 196), a data do romance é incerta, oscilando de 1174 a 1180, ou 1177 a 1187.

[8] Bezzola, citado por Zumthor, *op. cit.*, p. 197.

nificação eucarística" (Zumthor) é considerado pela crítica como a realização literária mais perfeita do século XIII. Embora o romance conserve um certo caráter mundano inicial, tinge-se gradativamente de sentido místico, até que a tendência religiosa, monástica, ascética, acaba sobrepujando as demais.

O mito da busca do Graal, a cuja volta se organiza o entrecho do romance arturiano, permanece muito vivo ainda por dois séculos; mas à medida que nos afastamos da Idade Média e penetramos no Renascimento, a noção de viagem espiritual, de busca, perde a pureza e a narrativa assimila os elementos da cultura popular: o grotesco, a paródia, o detalhe obsceno, a alegria solar.[9] É totalmente deformado em seu espírito que o mito do Graal se instala na obra de Rabelais e, menos de um século mais tarde, no *Dom Quixote* de Cervantes. O Romantismo tenta reviver o aspecto medieval da legenda, sobretudo através da experiência musical de Wagner.[10] Em resumo: a longa evolução do romance arturiano — com o seu núcleo da busca do Graal — se processa no sentido de uma passagem gradativa da cavalaria guerreira à celestial e desta à cavalaria grotesca, pois a tentativa de Wagner deve ser considerada um *revival* sem consequências.

Contudo, a análise admirável de Bakhtin sobre a cultura popular demonstra que já na Idade Média — portanto em pleno apogeu do romance arturiano de conotação religiosa — coexistia, ao lado da cultura séria e oficial, de tendência heráldica, uma cultura cômica, popular, carnavalizada, que promovia a liberação do *riso* e do *corpo*, a vitória sobre a seriedade, o medo e

---

[9] Georges Buraud, "La quête du Graal dans la littérature et l'art moderne", in *Lumière du Graal*, cit., p. 296.

[10] A versão em que Wagner se inspirou foi o *Parzival* (1200-1212) de Wolfram von Eschenbach.

o sofrimento.[11] É esta cultura riquíssima que no fim da Idade Média se separa do povo e começa a infiltrar-se na literatura oficial, nos mistérios, na epopeia; com o Renascimento as fronteiras entre as formas inferiores e a grande literatura rompem-se de-

---

[11] O conceito de *carnavalização*, central na análise que Bakhtin faz da cultura popular e sobretudo do que constitui o *riso popular*, foi sugerido pelos "festejos do carnaval e pelos atos e ritos cômicos que a eles se ligam" e ocupam um lugar imenso na vida do homem da Idade Média. Este participava ao mesmo tempo de duas vidas: a oficial e a de carnaval, que representavam dois aspectos diversos do mundo. O primeiro, oficial, piedoso e sério; o segundo, popular, sacrílego e cômico. Estes dois aspectos coexistiam e a festa medieval se assemelhava, no seu todo, a uma figura de Jano "de face dupla". Na verdade, quase todas as cerimônias religiosas ou civis se faziam acompanhar de celebrações populares e públicas — também consagradas pela tradição — que povoavam as ruas e praças com cortejos grotescos de anões, gigantes, bobos, bufões. "Todas essas formas de ritos e espetáculos concebidos no registro cômico" — acrescenta Bakhtin — "apresentavam uma diferença extremamente marcada, uma diferença — podia-se mesmo dizer — de princípio, com as formas de culto e as cerimônias sérias, oficiais, da Igreja ou do Estado feudal. Elas dominavam um aspecto do mundo, do homem e das relações humanas totalmente diferente, deliberadamente não-oficial, exterior à Igreja e ao Estado; pareciam edificar, ao lado do mundo oficial, *um segundo mundo e uma segunda vida* aos quais todos os homens da Idade Média se misturavam num grau maior ou menor, nos quais *viviam* de acordo com datas determinadas. Isso criava uma espécie de *dualidade do mundo* e acreditamos firmemente que se não for levado em consideração, não se poderá compreender nem a consciência cultural da Idade Média, nem a civilização do Renascimento. A ignorância ou o menosprezo do riso popular na Idade Média desnatura o próprio quadro da evolução histórica e da cultura europeia dos séculos seguintes" (Bakhtin, *L'oeuvre de François Rabelais et la culture populaire au Moyen Âge et sous la Renaissance*, cit., pp. 13-4).

O termo *carnavalizado* assume por conseguinte em Bakhtin uma acepção muito extensa, designando "não somente as formas do carnaval, no sentido estreito e preciso do termo, mas ainda toda a vida rica e variada da festa popular no decorrer dos séculos e durante o Renascimento".

finitivamente, e é toda a cultura do riso que invade a literatura elevada, contribuindo para a criação de obras-primas como o *Decameron* de Boccaccio, os livros de Rabelais, o romance de Cervantes, os dramas e comédias de Shakespeare.

Esta grande explosão de vida renova integralmente a literatura e dá origem a uma percepção diversa do mundo, carnavalizada, ambivalente, hostil a tudo o que é acabado, imutável, eterno; uma percepção que proclama a "unidade contraditória do mundo", multiplicando as imagens de destruição e renovação, destronamento e entronização, morte do antigo e renascimento; que subverte a lógica original das coisas, instituindo "o mundo pelo avesso", de cabeça para baixo, de trás para diante; que favorece as formas mais diversas de paródia, rebaixamento, profanação.

Foi apoiando-se na abordagem iluminadora de Bakhtin que Julia Kristeva pôde demonstrar que a evolução do romance arturiano do século XIII ao século XV — portanto no período correspondente ao movimento de expansão da cultura popular — fez-se no sentido de uma ambiguidade crescente da narrativa.[12] Assim, ao contrário da concepção maniqueísta da epopeia, que instituía "uma hostilidade irreconciliável" absoluta entre os termos, opondo sempre o personagem bom ao mau, o herói ao traidor, o dever guerreiro ao amor do coração, o romance de cavalaria introduzia uma prática semiótica dupla, fundada sobre a semelhança dos contrários e alimentando-se da mistura e ambiguidade; isto é, uma narrativa em que "o imperador era ridicularizado, a religião e os barões se tornavam grotescos, os heróis, covardes e suspeitos [...], o rei, nulo, e a virtude não era mais recompensada [...]".

---

[12] Julia Kristeva, "Le texte clos", *in Recherches pour une sémanalyse*, Paris, Seuil, 1969, pp. 113-42.

É neste momento de carnavalização crescente da literatura e ambiguidade progressiva do romance cavaleiresco, em que o núcleo central e dramático da Demanda do Santo Graal se transforma aos poucos na palhaçada de Rabelais e na inversão paródica de *Dom Quixote*, que devemos inscrever *Macunaíma*.[13] A rapsódia brasileira seria, por conseguinte, a última metamorfose do mito, a versão construída pelo Novo Mundo no momento em que as vanguardas questionavam a supremacia do Ocidente. Ao converter na busca atropelada da muiraquitã o grave motivo condutor que a partir da Idade Média havia plasmado o próprio ideal de comportamento do Ocidente,[14] Mário de Andrade — à semelhança dos cantadores nordestinos, que estudara com tão aguda compreensão — "desmanchava" a linha melódica europeia, para que, rejuvenescida pelas acomodações locais, fecundada pelo riso popular, ela ascendesse novamente ao nível da grande arte; para que, nas palavras de Bakhtin, ela ainda uma vez revelasse "o mundo de maneira nova, sob o seu aspecto mais alegre e mais lúcido".

Analisemos agora, à luz da perspectiva que estou propondo, algumas características da rapsódia brasileira.

---

[13] Em 1933, respondendo a um questionário da editora Macaulay dos Estados Unidos, Mário de Andrade declarava que entre os seus autores de cabeceira talvez devesse incluir apenas três: Molière, Cervantes e Dickens.

[14] Segundo Pickford (*L'évolution du roman arthurien...*, cit., p. 271), foi o romance arturiano que plasmou o ideal de comportamento do Ocidente: inicialmente, encarnando-se na "cavalaria fantasista e irreal" dos heróis da Távola Redonda; em seguida, dando origem ao espírito de galantaria, ao sentimento de cortesia e de refinamento do Bom Cavaleiro Sem Medo do século XVI e aos Cabeças Redondas da época de Cromwell; finalmente, evoluindo para o ideal do *honnête homme* e mesmo para o *gentleman* dos nossos dias.

1) Os comentadores do romance arturiano assinalam com razão que o traço diferenciador da Demanda do Graal, que permanece através de todas as transformações e metamorfoses do mito, é o seu *caráter essencialmente dinâmico*. Assim, o romance de cavalaria é marcado por um movimento progressivo, seja ele *a busca, a andança (errance), a justa* ou *o confronto*. Este aspecto dinâmico é conservado fielmente pela narrativa brasileira, que o lê no entanto *de trás para diante*; isto é, *Macunaíma* inicia com uma busca de que o herói é agente, mas ela se transforma logo numa *perseguição* em cadeia contra ele, dando lugar a um sem-número de *fugas*. Alguns exemplos são suficientes para corroborar esta afirmação: na página 21, Macunaíma *foge* do currupira; nas páginas 38-9, *foge* da Cabeça de Capei; na página 67, *foge* do cachorro Xaréu; na página 91, *foge* de Miniaquê--Teibê; na página 134, *foge* da Velha Ceiuci; e, na página 199, *foge* da sombra.

As expressões e os verbos utilizados completam a marcação deste curioso *tempo regressivo* do romance, apresentando o herói sempre *correndo* (no sentido de fugindo), *se raspando, ganhando os mororós, escapulindo, jogando no veado, gritando pernas praquê vos quero, abrindo na galopada, escafedendo, gavionando mato afora*... Enfim, o dinamismo da rapsódia brasileira é simetricamente inverso ao dinamismo do romance arturiano, o que faz do percurso de Macunaíma a carnavalização da trajetória do herói cavaleiresco.

2) A crítica aponta como uma das características básicas do romance de cavalaria o tema do *itinerário difícil*.[15] Efetivamente, em todas as narrativas que giram em torno das provas heroicas

---

[15] Georges Buraud, *La quête du Graal...*, cit., p. 290. Paul Zumthor, *Essai de poétique médiévale*, Paris, Seuil, 1972, pp. 356-7.

de iniciação a ideia da andança surge associada, de um lado, ao *caminho cercado de perigos*, de outro, ao *labirinto*. Ora, ambos os traços ocorrem com uma constância significativa no romance brasileiro, onde tanto na ida como na volta vemos Macunaíma envolvido com os monstros, as doenças, as tentações, as miragens. Além disso, o trajeto que faz é muitas vezes sem saída e termina, como nos pesadelos, no ponto inicial da caminhada.

3) As ações cujo encadeamento constitui a narrativa arturiana fixam um tempo e um lugar estáveis, de paz e justiça, de onde o agente principal parte no começo da trama e para onde retorna no fim, reintegrando-se à antiga ordem.[16] *Macunaíma* é em larga medida a paródia desse esquema: o Uraricoera é apresentado em várias instâncias como o espaço das privações, da fome, da disputa com os irmãos, da luta com a própria mãe,[17] da aventura erótica tumultuosa e sangrenta. É desse lugar carente, punitivo, injusto que o herói parte em busca da muiraquitã; é a ele que retorna no final, para ser expulso e destruído.

4) O discurso do romance arturiano é marcado pelo que Zumthor chama de "didatismo latente": nele, assume grande importância a *descrição decorativa* ou *explicativa*, minuciosa mas sem profundidade, que apreende o mundo exterior através da justaposição ou acúmulo de detalhes. Esta visão míope se aplica a um certo número de esquemas que apresentam um conteúdo determinado, como o *castelo* — ou *a sala do castelo* — e *o país desconhecido*. "A sala do castelo" — diz Zumthor — "significa um universo imaginário de beleza, de riqueza, de justiça (ou injustiça) onde cada objeto, cuja unidade a descrição decompõe —

---

[16] P. Zumthor, *op. cit.*, pp. 350-1.

[17] Embora enganado pelo destino, Macunaíma flecha, na caça, a própria mãe, matando-a.

mesas, tapetes, luminárias, roupas, joias — só tem valor representativo na medida em que remete a essa significação".[18] Bakhtin se refere a um processo semelhante, que ele chama de enumerativo e ocorre de maneira sistemática na obra de Rabelais. Comum já no fim da Idade Média, sobretudo nos mistérios, derivava a seu ver do espírito da praça pública: dos pregões populares, das fórmulas orais dos charlatães de feira, dos vendedores de livros de quatro tostões etc.[19]

Nos capítulos V e VI de *Macunaíma* ("Piaimã" e "A francesa e o gigante"), Mário de Andrade utiliza um processo análogo para nos apresentar a cidade de São Paulo (o país desconhecido) e as alfaias e tesouros da casa de Venceslau Pietro Pietra (a sala do castelo). A primeira — "a cidade macota de São Paulo, esparramada à beira-rio do igarapé Tietê" — é descrita com suas fábricas, arranha-céus, anúncios luminosos, ruas cheias de gente e de carros: "fordes hupmobiles chevrolés dodges mármons", elevadores, túneis, "cláxons campainhas apitos buzinas", "relógios faróis rádios motocicletas telefones gorjetas postes chaminés...". No capítulo seguinte, duas metonímias substituem a referência à casa do gigante (o castelo), que como nos relatos cavaleirescos *é o lugar da prova*:[20] a descrição da "alcova lindíssima" e, sobretudo, da famosa coleção de pedras de Piaimã (o tesouro): "Tinha turquesas esmeraldas berilos seixos polidos, ferragem com forma de agulha, crisólita pingo d'água tinidei-

---

[18] P. Zumthor, *op. cit.*, p. 354.

[19] Bakhtin, *op. cit.*, pp. 169 e 179. Este processo encontra um equivalente no espaço agregado da pintura medieval. Ver a esse respeito os estudos de Pierre Francastel, sobretudo *Peinture et société*, Lyon, Audin, 1952.

[20] Segundo Zumthor (*op. cit.*), o castelo é o lugar do poder, o pórtico do mundo encantado ou o lugar da prova.

ra esmeril lapinha ovo-de-pomba osso-de-cavalo machados facões flechas de pedra lascada, grigris rochedos elefantes petrificados, colunas gregas, deuses egípcios, budas javaneses, obeliscos mesas mexicanas, ouro guianense, pedras ornitomorfas de Iguape [...]".

A explicação da ocorrência do mesmo processo descritivo em *Macunaíma* e no romance cavaleiresco é neste caso mais complexa. Pois se é certo que a principal fonte de inspiração de Mário de Andrade foi o populário brasileiro e mais precisamente a enumeração, corrente nas louvações dos cantadores nordestinos, é preciso não esquecer que ele conhecia também o recurso através de certa literatura erudita de forte impregnação popularesca, como a de Gregório de Matos e mesmo de Rabelais.[21] A utilização em *Macunaíma* de um processo descritivo centenário, mas que ainda se conservava muito vivo na memória coletiva, tinha pelo menos duas intenções: sublinhava, independentemente da rivalidade das culturas, a permanência entre nós da velha tradição europeia, e explorava o conflito com um eficiente traço expressivo. De fato, o contraste entre a linguagem arcaica e enumerativa e a realidade moderna do grande centro urbano, símbolo do domínio da técnica e da sociedade de consumo, produzia no

---

[21] Quanto à enumeração, pode-se citar o artigo "Bazófia e humildade" (seção "Mundo Musical", *Folha da Manhã*, 27/1/1944) — ainda inédito em livro —, onde Mário de Andrade analisa a "enumeração particularizada ocorrente nas louvações de despedida do cantador" como um processo comum do folclore. Entre outros exemplos transcreve o seguinte: "Lovo [louvo] a casa de morada/ Porta, batente e portal,/ Copiar, tijolo, alpendre,/ Terreiro, sala e quintal./ Camarinha, telha e ripa,/ Cozinha, caibro e beiral". Em seguida, lembra que Gregório de Matos utilizava às vezes em suas poesias "esses processos tradicionais da nossa temática".

primeiro trecho referido um admirável efeito satírico; no segundo, a enumeração heteróclita era explorada para criar a atmosfera surrealista que Mário de Andrade já havia surpreendido, aliás, nas próprias louvações nordestinas.[22]

Vejamos agora se, deslocando a perspectiva para o personagem central, é possível ensaiar uma aproximação entre Macunaíma e o herói do romance de cavalaria.[23]

A primeira providência a ser tomada, antes de estabelecer um paralelo, é tentar construir um paradigma do herói cavaleiresco. Pois uma diferença sensível separa o personagem inicial, cuja conotação ainda é mundana, tanto dos personagens centrais, de sentido em geral místico, de Chrétien de Troyes, que já absorveram "os elementos romanescos e religiosos vindos de todos os horizontes do século XII", quanto do herói seguinte, de Boron, de severa inspiração cisterciense e, finalmente, do cavaleiro errante dos romances tardios em prosa do ciclo arturiano, quando a alta empresa coletiva da Demanda do Santo Graal é substituída pela procura da glória pessoal. Por outro lado, independente dessa evolução que termina na paródia do Renascimento, com as obras de Rabelais e Cervantes, encontramos dentro do mesmo período uma caracterização bastante diversificada do cava-

---

[22] No mesmo artigo citado na nota anterior, Mário de Andrade comenta, depois de transcrever duas estrofes que julga "bem características" de um romance nordestino: "Como se vê, é surrealistamente alucinante".

[23] Lembramos, a título de curiosidade, que em muitos romances do ciclo arturiano — como assinala Paul Zumthor, *op. cit.*, p. 356 — o personagem principal é chamado apenas *cavaleiro*, só recebendo o nome próprio tardiamente; o mesmo acontece com Macunaíma, que é designado sistematicamente como o *herói*.

leiro. A sua figura pode oscilar do perfeito cavaleiro cristão, representado por Bohort e sobretudo Galaaz, à complexidade humana e terrestre de Galvão — que é forte e corajoso, mas se revela às vezes sensual e mesmo cruel — até os heróis conflitantes, como Lancelot, Persival e Tristão, divididos entre os valores celestiais e terrestres, entre a empresa guerreira e o amor.

Não obstante esta sensível flutuação, procuremos estabelecer o paradigma do cavaleiro, com base em certas fontes conhecidas: o retrato traçado pelo Manuscrito 112 da Biblioteca Nacional de Paris, que Pickford transcreve, declarando-o "notável pela minúcia";[24] os perfis dos grandes heróis, como Lancelot, Galvão, Tristão, Bohort e Persival, que ressaltam, quer da narrativa de Chrétien de Troyes, quer das "Loys et Ordonnances de l'Ordre des Chevaliers de la Table Ronde";[25] as notáveis análises de Zumthor[26] e a descrição feita por Jean Marx em "Le héros du Graal".[27]

De acordo com essas fontes, o herói cavaleiresco se caracterizaria em síntese pelas seguintes qualidades:

Nobreza: o cavaleiro está colocado no ápice da hierarquia aristocrática e é equiparável a um rei;[28] "só os filhos de rei ou rainha tinham o direito de atingir o grau mais alto da cavalaria",[29] e "se acaso encontramos nos romances um vilão que chega

---

[24] Pickford, *op. cit.*, p. 218. Ver todo o cap. II, "Le portrait du Chevalier Arthurien".

[25] Transcritas por Pickford, *op. cit.*, p. 257 (Ms. B. N. fr. 12597).

[26] P. Zumthor, sobretudo *Essai de poétique médiévale*, pp. 469-73.

[27] In *Lumière du Graal*, pp. 90-100.

[28] Pickford, *op. cit.*, p. 251.

[29] *Ibidem*.

à cavalaria logo se esclarece que se trata do filho ignorado de um nobre".[30]

Coragem: o cavaleiro não deve evitar nenhum perigo. O conjunto de provas a que se submete, durante a busca aventurosa em que se empenha, sublinha o *sentido heroico de sua vida*.

Lealdade: o cavaleiro é um personagem simpático, que vai de torneio em torneio em busca de aventuras, medindo lealmente a sua força com a força dos companheiros; por outro lado, a defesa da honra dos companheiros deve incitá-los sempre ao combate.

Verdade: o cavaleiro recusa sempre a mentira, "car Dieu et vérité les mantient en la haute renomée où ils sont".[31]

Justiça: o cavaleiro deve assumir sempre a defesa dos fracos.

Desprendimento: o cavaleiro deve ignorar qualquer proveito pessoal.

No que diz respeito à *conduta amorosa* o cavaleiro manifesta uma arte sutil, feita de gentileza e refinamento, onde os traços ostensivos da paixão — quando ela ocorre — devem permanecer dominados.[32]

---

[30] *Ibidem*, p. 252.

[31] *Ibidem*, pp. 253-4 (citando o Ms. B. N. fr. 112, III, fo. 294a).

[32] Poderíamos tomar como modelo da conduta amorosa cavaleiresca — tanto masculina como feminina — a descrição que o prólogo do *Novo Tristão* de Jan Maugin (edição de 1554) faz de Tristão e Isolda: "[...] sous le personnage de Tristan armé et chevalier errant, se pourront connaitre les actes d'un prince magnanime, hardy, vaillant, equitable, debonnaire, prudent et assuré; sous Iseulte les bonnes parties aussi d'une grande dame: sçavoir comme elle doit estre honneste, courtoyse, modeste, affable, compagnable, civile, evidente de ce qui est requis d'honneur et honnêsteté entre deux amours, pour l'entretien perpétuel de leur aymables et amuables affections" [no personagem de Tristão, armado e cavaleiro errante, poder-se-ão conhecer as atitudes de um príncipe magnânimo,

Ora, se comparássemos este quadro abreviado de qualidades com as características do herói brasileiro, veríamos que Macunaíma é, ponto por ponto, o seu avesso. Para facilitar o confronto, vou tomar um trecho determinado da narrativa brasileira, bastante significativo: o início do capítulo XI, "A Velha Ceiuci", da página 121 ao começo da página 123, completando o cotejo com alguns elementos retirados de outros episódios.

A partir da aventura com Ci, Macunaíma é apresentado como *nobre*, isto é, *Imperador do Mato Virgem*, conforme subscreve a carta às suas súditas, as Icamiabas. No entanto, como observa Mário Chamie, quando, inspirando-se em Bakhtin, confronta o herói brasileiro e os personagens da sátira menipeia, Macunaíma é o modelo inverso de um rei; ou melhor, é o seu duplo destronizado. Soberano e perseguido, vitorioso e escorraçado, esperto e ludibriado, retalhado e recomposto, representa, na verdade, o atuante do ritual infindável de entronização e destronização, núcleo profundo do mundo carnavalesco.[33] Macunaíma é, por conseguinte, *a carnavalização do nobre*.

O pequeno trecho a que estou me referindo o descreve ainda como:

---

audaz, valente, justo, bom, prudente e seguro; em Isolda, os bons atributos também de uma grande dama: sabe como deve ser honesta, cortês, modesta, afável, companheira, civilizada, dando mostras do que é requisito da honra e honestidade entre dois enamorados, para a conservação perpétua de suas amáveis e amistosas afeições (N. E.)] (Pickford, *op. cit.*, p. 267).

[33] Mário Chamie ("Mário de Andrade: fato aberto e discurso carnavalesco", *Jornal da Tarde*, São Paulo, 1/11/1975) foi o primeiro a afirmar que "a característica da menipeia em que se destacam os contrastes violentos encontra em *Macunaíma* um amplo campo de atuação". Apoiado em *La poétique de Dostoïevsky*, Chamie examina o processo de "investidura e destituição" do herói: "Macunaíma é, exatamente, o entronizado, o Imperador que, num primeiro movimento,

Medroso: dorme de roupa, temendo ser apanhado pela Caruviana, a umidade da garoa paulistana.

Desleal: apesar de sempre protegido pelos irmãos, desconhece qualquer sentimento de companheirismo ou gratidão, comendo escondido os ratos que caçou, para não ter de reparti-los com ninguém.

Mentiroso: tendo caçado dois ratos, conta a Maanape e Jiguê que havia apanhado dois veados mateiros, só confessando a mentira depois de pressionado pelos irmãos. Este traço é, aliás, sublinhado com insistência no decorrer da narrativa e constitui uma das características básicas do herói.

O curioso episódio do chupinzão (capítulo XII) o descreve como *injusto*. Trata-se aliás de uma admirável versão carnavalizada da justiça, onde o nosso personagem surge como o *opressor dos fracos*: pois quando vê o tico-tico, que é um pássaro pequenino, em vez de tratar de si e se nutrir, ficar alimentando escravizado o chupim, tão maior que ele, irrita-se com a injustiça dos homens e destrói o explorado.

Macunaíma é ainda *ganancioso*, esquecendo-se frequentemente do motivo de sua busca para se perder numa série infindável de aventuras laterais, ligadas à atração da riqueza, à busca de tesouros enterrados, ao lucro fácil nos jogos de azar.

E, finalmente, a sua conduta amorosa é descrita como *um impulso sexual incontrolável*, que se traduz numa arte de amar

---

ganha o Reino; num segundo o perde; e num terceiro o ganha de novo para ser, num quarto e derradeiro, destituído pela lenda do mal humano".

A aplicação da abordagem de Bakhtin a *Macunaíma* foi também efetuada por Suzana Camargo, em *Macunaíma: ruptura e tradição*, São Paulo, Massao Ohno, 1977. Em seu excelente livro *3 linhas e 4 verdades*, São Paulo, Duas Cidades, 1976, Vera M. Chalmers se utiliza, igualmente, dos conceitos de *dialogismo* e *carnavalização* para caracterizar a literatura de Oswald de Andrade.

violenta, cuja nítida conotação sadomasoquista pode atingir o limite extremo de mutilação. Neste sentido, a descrição dos seus amores com Ci, no capítulo "Ci, Mãe do Mato", representa a versão carnavalizada do amor cortês, isto é, do que "est requis d'honneur et honnêteté entre deux amours, pour l'entretien perpétuel de leur aymables et amuables affections". Aliás, o modelo do trecho referido — avesso do idílio cavaleiresco — talvez deva ser procurado em certas cenas do *Satyricon* de Petrônio, que Mário de Andrade parece ter fundido à tonalidade pornográfica das lendas ameríndias e às descrições de cenas eróticas recolhidas pelos cronistas.

Em resumo, Macunaíma é, sob muitos aspectos, a carnavalização do herói do romance de cavalaria. No entanto, ao contrário do que se poderia supor, isto não permite identificá-lo à figura mais perfeita do cavaleiro andante carnavalizado, que é Dom Quixote. Em Cervantes, a carnavalização se efetua no sentido da *hipertrofia* das qualidades do cavaleiro, portanto, do exagero e da caricatura; mas o traço distintivo do personagem continua sendo a coragem, que só se torna ridícula devido ao desacordo grotesco que se estabelece entre o heroísmo dispendido e a insignificância dos obstáculos interpostos. Em Mário de Andrade, ao contrário, a carnavalização deriva da *atrofia* do projeto cavaleiresco, da sua negação, da paródia: Macunaíma é dominado pelo medo e as suas fugas constantes estão em desproporção com a realidade dos perigos; ele é, por conseguinte, o avesso do Cavaleiro da Triste Figura, representando a carnavalização de uma carnavalização.

Por outro lado, o herói brasileiro representa um personagem bem mais ambíguo e contraditório: é um vencido-vencedor, que faz da fraqueza a sua força, do medo a sua arma, da astúcia o seu escudo; que, vivendo num mundo hostil, perseguido, escorraçado, às voltas com a adversidade, acaba sempre driblando o infortúnio. Neste sentido, seria mais acertado inscrevê-lo na longa linhagem dos perseguidos vitoriosos da ficção de todos os tempos — literária ou cinematográfica — que abrange desde os personagens do romance picaresco até as figuras cômicas do cinema. Parente próximo de Carlitos e mesmo de Buster Keaton, no filme mudo, é no entanto a Cantinflas — herói admirável do Terceiro Mundo — que ele mais se assemelha. Pois a alta e nobre empresa da Busca do Graal, a que Mário de Andrade o destinou como que a contragosto, representa uma desarmonia tão profunda com a sua maneira de ser quanto a aventura insólita de Cantinflas travestido de d'Artagnan na corte de Luís XIII.

Mas, levando adiante a abordagem que está sendo proposta, seria possível identificar com o símbolo essencialmente cristão do Graal o artefato mágico indígena da muiraquitã?[34] Como reduzir o Graal, que na Demanda é o "cálice da Ceia, no qual Jesus celebrou a Páscoa na casa de Simão e José de Arimateia recolheu no Calvário o sangue que gotejava do corpo divino",[35] a uma pedra verde em forma de sauro?

Não obstante a caracterização dominante do Graal como um *recipiente*, em certas versões, como a de Wolfram von Eschenbach — que, como já dissemos, serviu de inspiração a Wagner e era por conseguinte bem conhecida de Mário de Andrade —, o Graal pode também ser uma *pedra preciosa* caída do céu, de *cor verde* — mais precisamente uma esmeralda —, dotada de alguns poderes extraordinários: protege por uma semana e mantém vi-

---

[34] É oportuno lembrar que, no decorrer do livro, a muiraquitã é designada como amuleto, talismã e *velocino roubado*, numa intenção evidente de estabelecer a analogia entre a rapsódia brasileira e os relatos europeus que giram em torno da busca do objeto maravilhoso.

[35] J. Vendryès, "Le Graal dans le cycle breton", *in Lumière du Graal*, p. 72.

goroso e jovem o homem que conseguir vê-la; possui virtudes alimentares e é símbolo de pureza e castidade.[36] Confiada a Adão no Paraíso Terrestre, ele a teria perdido por ocasião da queda.[37] A sua recuperação representa o tema central do ciclo arturiano no romance de cavalaria e simboliza tanto "a procura da perfeição terrestre", a busca do "estado primordial" de que o homem se havia afastado, quanto um mito de iniciação viril à vida.

Se recapitulássemos, a esta altura, a interpretação já efetuada anteriormente da aventura de Macunaíma, veríamos que ela representa, em seus pontos essenciais, a retomada carnavalizada — e mesmo sacrílega — do núcleo da Demanda do Santo Graal: a muiraquitã é uma pedra mágica de cor verde, capaz de fazer feliz, rico e poderoso o seu possuidor, que Ci, a Mãe do Mato, tira do colar e antes de subir para o céu dá ao amante, como lembrança dos dias de plenitude erótica que passaram juntos no Uraricoera; Macunaíma perde o amuleto logo em seguida e a sua procura, cheia de riscos e peripécias, constitui o núcleo básico do romance. Como já foi sublinhado na segunda parte desta análise, o episódio da muiraquitã representa — como o episódio do Graal no romance cavaleiresco — a busca da identidade perdida, o símbolo da iniciação à vida; no entanto, a narrativa brasileira vira pelo avesso a *iniciação viril* do romance arturiano, carnavalizando-a e transformando-a no seu oposto, isto é, numa *iniciação desfibrada*, cheias de recuos e tergiversações. Ao contrário do cavaleiro que, para alcançar a vitória, *afronta sozinho os perigos da aventura*, o herói nacional *foge das dificuldades buscando sempre a proteção dos irmãos*. Além disso, se a aventura em que o primeiro está empenhado é uma *empresa consciente*, fruto

---

[36] René Nelli, "Le Graal dans l'ethnographie", *in Lumière du Graal*, p. 18.

[37] René Guénon, "L'ésotérisme du Graal", *in Lumière du Graal*, p. 46.

de *uma vontade pessoal* (uma escolha), que o engaja em relação a *um objetivo*, a de Macunaíma é uma sucessão de *atos fortuitos* (sem projeto), surgidos *ao acaso* e visando muitas vezes *dois alvos opostos*.

Em resumo, o breve cotejo que se tentou fazer entre a rapsódia brasileira e o romance de cavalaria, creio que nos permite retornar à afirmação inicial, isto é, que o núcleo central de *Macunaíma*, não obstante os mascaramentos de toda ordem que despistam ininterruptamente o leitor, permanece europeu, ou, mais exatamente, *universal*, e se liga ao tema eterno da busca do objeto mágico, de que a Demanda do Graal representa no Ocidente a realização mais perfeita.

Antes de abandonar este ponto da análise, cumpre fazer uma última observação. Bakhtin, Zumthor e Kristeva insistem no fato do romance arturiano desenvolver, entre os séculos XII e XV, uma estrutura que passa a ser comum a todos os romances do Graal — dialógica para o primeiro autor, romanesca para o segundo, não-disjuntiva para a terceira —, baseada na duplicidade, na ambivalência, na ambiguidade.[38] No período em questão, a narrativa se transforma no lugar de um conflito entre o erotismo e o combate, a aventura individual e a ação coletiva; no entanto, o amor e a guerra não são dois termos exclusivos ou sucessivos, mas apresentam-se ligados com uma certa isotopia, fazendo com que a história se construa simultaneamente sobre dois planos e dê origem a imagens duplas, que tanto podem se

---

[38] M. Bakhtin desenvolve longamente nos seus dois livros citados o conceito de *dialógico*, que representa, juntamente com o de carnavalização, um dos pontos básicos de sua análise da narrativa. P. Zumthor, *Essai de poétique médiévale* (sobretudo a parte "Le modèle romanesque", pp. 352 e ss.). Julia Kristeva, *Recherches pour une sémanalyse* (cap. "Le texte clos", pp. 113 e ss.).

entrelaçar, confundir, como permanecer distintas. A meu ver, *Macunaíma* se inscreve nessa linhagem dialógica e representa o ponto extremo de um conflito, cuja ação se projeta em dois planos simultâneos, não mais do amor e da guerra, mas da atração da Europa e da fidelidade ao Brasil.

É aliás o que parece indicar um episódio curioso, inserido no livro com ar descuidado, mas que representa, sem dúvida, uma alegoria importante. Trata-se do início do cap. XIII, "A piolhenta do Jiguê", a que vou me referir.

Há uma semana Macunaíma anda doente por causa de uma erisipela. Tem passado as noites com febre; sonhando com navio, que de acordo com a crendice do povo é sinal certo de viagem por mar. Um belo dia, sentindo-se melhor, apesar de enfraquecido, resolve dar uma chegada até o parque do Anhangabaú, no centro da cidade de São Paulo, onde se detém junto ao majestoso monumento a Carlos Gomes. Sentando-se no parapeito da fonte, põe-se a olhar pensativo a água que jorra pela boca dos cavalos-marinhos, quando divisa, surgindo do fundo da gruta, "uma embarcação muito linda" que vem boiando sobre as águas, toda iluminada e com os mastros cheios de bandeiras. Reconhece nela o transatlântico de luxo *Conte Verde* em sua rota para a Europa, repleto de tripulantes, "marujos forçudos", "argentinos finíssimos", "donas lindíssimas", que acenam para ele, chamando-o. Macunaíma cede imediatamente ao convite e começa a se despedir depressa do povo humilde à sua volta, exclamando: "Gente! adeus gente! Vou pra Europa que é melhor! Vou em busca de Venceslau Pietro Pietra que é o gigante Piaimã comedor de gente!". Já havia pulado no cais e se preparava para subir a escadinha de bordo, quando, inesperadamente, a um sinal do capitão, os viajantes que ainda há pouco pareciam tão amistosos, rompem numa enorme vaia, caçoando do herói; ao mesmo tempo o navio, cuspindo pelas chaminés uma nuvem de mosquitos, põe-se a manobrar e, rumando para o fundo da gruta, abandona Macunaíma em terra. Todo mordido, sentindo de novo a febre subir, ele espanta com um gesto os mosquitos e volta para a pensão, muito desapontado. Tinha sido tudo arte da Mãe d'Água para "atentar o herói".

O episódio descreve, pois, uma *tentação* que vem perturbar o personagem, quando este já se encontra na iminência de realizar o objetivo central de sua busca: no capítulo imediato irá reaver a muiraquitã e, no seguinte, iniciará a volta ao Uraricoera. Ora, o navio em que faz menção de embarcar, atraído pelo aceno gentil dos passageiros — *finíssimos, lindíssimos* —, se dirige para a Europa, portanto a direção oposta ao seu trajeto; não obstante, Macunaíma se despede sem hesitação dos chofêres modestos que o cercam, inventando uma desculpa pouco convincente da mudança inesperada de seus planos: "Gente! adeus gente! Vou pra Europa que é melhor! Vou em busca de Venceslau Pietro Pietra que é o gigante Piaimã comedor de gente!". Como explicar o seu comportamento paradoxal e os elementos restantes da cena: vaia dos passageiros, ataque dos mosquitos, partida do vapor, que o abandona na esplanada?

Creio que tudo se esclareceria se aplicássemos ao episódio a abordagem psicanalítica endossada pelo próprio Mário de Andrade em seu escrito "Do cabotinismo", onde analisa o processo de substituição que se esconde atrás do mecanismo criador.[39] A miragem do navio seria, nessa perspectiva, uma fantasia compensatória, isto é, a projeção dos *desejos secretos* do personagem que, tendo sido bloqueados no decorrer da narrativa e substituí-

---

[39] Ver "Do cabotinismo", *in O empalhador de passarinho*, cuja importância para a reflexão de Mário de Andrade já foi ressaltada por Anatol Rosenfeld, *Texto/contexto*, São Paulo, Perspectiva, 1996, 5ª ed., p. 185.

dos pelos *desejos aparentes*, transpõem, agora de forma dramatizada, o limiar da consciência. De fato, o motivo central do livro fora a busca da muiraquitã, condição da volta ao Uraricoera e da realização da identidade brasileira; ora, este *móvel nobilitador* era, no entanto, insincero e escondia como uma máscara a realidade primeira, *inconfessável* e recalcada; a aspiração ao progresso, e o desejo de embarcar para a Europa a bordo do *Conte Verde*.

Mas, para Mário de Andrade (e aqui ele diverge de Freud), "estes móveis aparentemente insinceros, máscaras de uma realidade primeira", fazem parte da nossa sinceridade total; representam uma falsificação de valores, porém fecunda e necessária, indispensável "pra que a forma social se organize e corra em elevação moral normativa". Portanto, uma vez passada a vertigem, Macunaíma deveria ter dominado "com paciência e infatigável atenção" os seus desejos profundos opondo a eles o seu "ser de ficção",[40] a sua máscara, enfim, a personalidade social. Foi por não ter tido a energia de assumir o destino escolhido que a parte final do sonho se prolonga na representação alegórica de uma punição.

O episódio desempenha ainda um papel importante, derivado do lugar que ocupa no fluxo narrativo. Mário de Andrade tem uma sensibilidade estrutural admirável e jamais erra na distribuição das sequências. Assim, da mesma forma que a Carta pras Icamiabas, sucedendo à sequência de Vei, a esclarece, retrospectivamente, a miragem, antecedendo a reconquista da muiraquitã e o retorno do herói, lança luz nova sobre estes acontecimentos. Isto é, aquilo que à primeira vista se apresenta como o desenlace vitorioso de uma empresa, assume a partir do sonho de Macunaíma o papel inverso de uma derrota e de uma subs-

---

[40] As frases entre aspas são do artigo já referido.

tituição. O herói só volta para o Uraricoera porque o navio em que tenta embarcar não o aceita entre os passageiros elegantes, que se dirigem para a Europa. Por conseguinte, o autor sublinha, ainda uma vez através da cena, o aspecto dialógico do entrecho e o nítido comportamento ambivalente do personagem, sempre dilacerado entre as duas fidelidades, ao Brasil e à Europa.

Macunaíma representa, pois, uma meditação extremamente complexa sobre o Brasil, efetuada através de um discurso selvagem, rico de metáforas, símbolos e alegorias. Os recursos de composição acentuam em vários níveis — no tratamento do espaço e do tempo (ambientação do cenário); na caracterização física, psicológica e cultural dos personagens; na distribuição por simetria inversa dos dois grandes movimentos sintagmáticos básicos; no jogo de oposição de dois dísticos; na significação do episódio principal — uma tensão não resolvida, uma contradição que é erigida em traço expressivo do entrecho. De certo modo o livro é — como define o seu autor — "a aceitação sem timidez nem vanglória da entidade nacional", concebida por este motivo "permanente e unida", na desgeografização intencional do clima, da flora, da fauna, do homem, da lenda e da tradição histórica. A lucidez da análise satiriza um estado de coisas mas não aponta uma solução. No final de um dos prefácios, Mário de Andrade sublinha o aspecto sem compromisso do livro, que a seu ver é característico das épocas de transição social, que não desejam a volta do passado, não sabem o que tem de vir e sentem o presente "como uma neblina vasta"; aspecto — conclui — que nos impede de "tirar dele uma fábula normativa".

Não obstante as advertências do autor (que no caso correspondem ao que mostra a análise objetiva), *Macunaíma* foi tomado — e continua sendo até hoje — como um livro afirmativo, antropofágico, isto é, como a devoração acrítica dos valores europeus pela vitalidade da cultura brasileira. A leitura que propus se afasta dessa interpretação triunfal e retoma a indicação pessimista de Mário de Andrade, de que a obra é ambivalente e indeterminada, sendo antes o campo aberto e nevoento de um debate, que o marco definitivo de uma certeza. É para esse sentido, pelo menos, que parecem apontar, como acabamos de ver, certos elementos básicos da estrutura e a significação de alguns dos episódios fundamentais.

Desenho de Carybé, ilustrando o capítulo "Carta pras Icamiabas", realizado entre 1945 e 1946 para a edição de *Macunaíma* da Sociedade dos Cem Bibliófilos do Brasil.

Bibliografia sobre *Macunaíma**

ANTELO, Raúl. "Macunaíma e a ficção de fronteira", *Arca: Revista Literária Anual*, nº 1, Florianópolis, Paraula, 1993.

_____. "Macunaíma: apropriação e originalidade", *in Macunaíma, o herói sem nenhum caráter*. Edição crítica de Telê Porto A. Lopez. Paris/São Paulo: Archivos/Unesco/CNPq, 1988.

_____. *Na ilha de Marapatá: Mário de Andrade lê os hispano-americanos*. São Paulo/Brasília: Hucitec/INL/Fundação Nacional Pró-Memória, 1986.

ARANTES, Urias. "Macunaíma ou o mito da nacionalidade", *Discurso*, nº 20, São Paulo, Departamento de Filosofia da USP, 1993.

AVILA, Afonso. "Macunaíma: tradição e atualidade", Suplemento Literário de *O Estado de S. Paulo*, nº 346, 7/9/1963.

BASTIDE, Roger. "Macunaíma visto por um francês", *Revista do Arquivo Municipal*, nº 106, São Paulo, jan.-fev. 1946.

BERRIEL, Carlos Eduardo O. "A odisseia anti-industrialista", *Folha de S. Paulo*, São Paulo, 9/7/1978.

_____. "A Uiara enganosa", *in* Berriel (org.), *Mário de Andrade/Hoje*. São Paulo: Ensaio, 1990.

BOSI, Alfredo. "Situação de Macunaíma", *in Macunaíma, o herói sem nenhum caráter*. Edição crítica de Telê Porto A. Lopez. Paris/São Paulo: Archivos/Unesco/CNPq, 1988. Republicado em *Céu, inferno*. São Paulo: Duas Cidades/Editora 34, 2003, 2ª edição.

---

* Bibliografia elaborada pelos editores especialmente para esta edição.

CAMARGO, Maria Suzana. *Macunaíma: ruptura e tradição*. São Paulo: Massao Ohno/João Farkas, 1977.

CAMPOS, Haroldo de. *Morfologia do Macunaíma*. São Paulo: Perspectiva, 1973.

CHAMIE, Mário. *Intertexto: escrita rapsódica*. São Paulo: Práxis, 1970.

_____. *A transgressão do texto (Macunaíma: linguagem dialógica)*. São Paulo: Práxis, 1972.

FINAZZI-AGRÒ, Ettore. "O sentido da metamorfose: precariedade e permanência em Macunaíma", *Revista de Estudos de Literatura*, nº 1, Centro de Estudos Literários da Faculdade de Letras da UFMG, 1993.

_____. "A palavra em jogo: *Macunaíma* e o enredo dos signos", *Revista Colóquio/Letras*, nº 149-150, Fundação Calouste Gulbenkian, Portugal, jul.-dez. 1998.

FONSECA, Maria Augusta. "Carta pras Icamiabas", *in Macunaíma, o herói sem nenhum caráter*. Edição crítica de Telê Porto A. Lopez. Paris/São Paulo: Archivos/Unesco/CNPq, 1988.

_____. "Macunaíma na pátria de doutores e saúvas", *Revista da Biblioteca Mário de Andrade*, nº 51, São Paulo, jan.-fev. 1993.

_____. "Exílio e paraíso: a carta de Macunaíma", *Arca: Revista Literária Anual*, nº 1, Florianópolis, Paraula, 1993.

_____. "Macunaíma, Horácio e Virgílio", *Revista do Instituto de Estudos Brasileiros*, nº 36, São Paulo, IEB-USP, 1994.

_____. "*Macunaíma*, arlequinal, ladino/latino", *Revista Colóquio/Letras*, nº 149-150, Fundação Calouste Gulbenkian, Portugal, jul.-dez. 1998.

_____. "Tradição e invenção em *Macunaíma*, de Mário de Andrade", *in Literatura e cultura no Brasil: identidades e fronteiras*. Organização de Ligia Chiappini e M. Stella Bresciani. Brasil/Berlim: Cortez/Ibero-Amerikanisches Institut, 2002.

GONÇALVES, Robson Pereira. *Macunaíma: carnaval e malandragem*. Santa Maria: Imprensa Universitária, 1982.

HOLANDA, Sérgio Buarque de. "O mito de Macunaíma", revista *O Espelho*, nº 6, Rio de Janeiro, set. 1935. Republicado em *O espírito e a letra*, de Sérgio Buarque de Holanda, vol. I, organização de Antonio Arnoni Prado. São Paulo: Companhia das Letras, 1996.

Bibliografia sobre *Macunaíma*

HOLLANDA, Heloísa Buarque de. *Macunaíma: da literatura ao cinema*. Rio de Janeiro: José Olympio/Embrafilme, 1978.

JAFFE, Noemi. *Macunaíma*. Coleção Folha Explica. São Paulo: Publifolha, 2001.

JOHNSON, Randal. *Macunaíma: do Modernismo na literatura ao Cinema Novo*. Trad. Aparecida de Godoy Johnson. São Paulo: T. A. Queiroz, 1982.

LOPEZ, Telê Porto Ancona. "Rapsódia e resistência", *in Macunaíma, o herói sem nenhum caráter*. Edição crítica de Telê Porto A. Lopez. Paris/São Paulo: Archivos/Unesco/CNPq, 1988. Republicado em *Mariodeandradiano*. São Paulo: Hucitec, 1996.

_____. *Macunaíma: a margem e o texto*. São Paulo: Hucitec/Secretaria de Cultura, Esporte e Turismo, 1974.

_____. *Mário de Andrade: ramais e caminho*. São Paulo: Duas Cidades, 1972.

MOISÉS, Massaud. "*Macunaíma* e a questão do nacionalismo", *Revista Colóquio/Letras*, nº 149-150, Fundação Calouste Gulbenkian, Portugal, jul.-dez. 1998.

MERQUIOR, José Guilherme. "Macunaíma sem ufanismo", "Suplemento Cultural" de *O Estado de S. Paulo*, 12/4/1981. Republicado em *As ideias e as formas*. Rio de Janeiro: Nova Fronteira, 1981.

MILTON, Heloísa Costa. *A picaresca espanhola e Macunaíma de Mário de Andrade*. Dissertação de Mestrado. São Paulo: Faculdade de Filosofia, Letras e Ciências Humanas da USP, 1986.

MOURÃO, Ronaldo Rogério de Freitas. *Astronomia do Macunaíma*. Rio de Janeiro: Francisco Alves, 1984.

PAES, José Paulo. "Cinco livros do modernismo brasileiro", *in A aventura literária*. São Paulo: Companhia das Letras, 1990.

PASTA JR., José Antonio. "Tristes estrelas da Ursa: Macunaíma", *Cadernos Porto & Vírgula*, nº 4, Porto Alegre, Secretaria Municipal da Cultura, 1993.

PERRONE-MOISÉS, Leyla. "Tupi or not tupi", "Suplemento Cultural" de *O Estado de S. Paulo*, 27/1/1980.

PROENÇA, Manuel Cavalcanti. *Roteiro de Macunaíma*. São Paulo: Anhembi, 1955; 6ª edição, Rio de Janeiro: Civilização Brasileira, 1987.

RAMA, Angel. "Mario de Andrade: fundador de la nueva narrativa", *Dialogo*, nº 66, México, nov-dez. 1975.

SANDRONI, Carlos. *Mário contra Macunaíma*. São Paulo/Rio de Janeiro: Vértice/Iuperj, 1988.

SANTIAGO, Silviano. "A trajetória de um livro", *in Macunaíma, o herói sem nenhum caráter*. Edição crítica de Telê Porto A. Lopez. Paris/São Paulo: Archivos/Unesco/CNPq, 1988.

SCHNAIDERMAN, Boris. "Macunaíma: um diálogo entre surdos", "Suplemento Literário" de *O Estado de S. Paulo*, 27/10/1974.

SOUZA, Eneida Maria de. *A pedra mágica do discurso*. Belo Horizonte: Editora da UFMG, 1988; 2ª edição revista e ampliada, 1999.

WISNIK, José Miguel. "Cultura pela culatra", *Teresa: Revista de Literatura Brasileira*, nº 1, São Paulo, Editora 34/Programa de Pós-Graduação da Área de Literatura Brasileira da USP, 2000.

_____. "A rotação das utopias-rapsódia", *in* Berriel (org.), *Mário de Andrade/Hoje*. São Paulo: Ensaio, 1990.

EDIÇÕES DE *MACUNAÍMA*

São Paulo: Oficinas Gráficas de Eugênio Cupolo, 1928, 1ª edição (800 ex.).

Rio de Janeiro: José Olympio, 1937, 2ª edição (1.000 ex.).

São Paulo: Martins, 1944, 3ª edição (*Obras completas de Mário de Andrade*, vol. IV) (3.000 ex.); 18ª edição, 1979.

Rio de Janeiro: Sociedade dos Cem Bibliófilos do Brasil, 1957. Ilustrações de Carybé (120 ex.).

São Paulo: Círculo do Livro, 1977.

São Paulo/Rio de Janeiro: SCCT/LTC, 1978. Edição crítica de Telê Porto Ancona Lopez. Ilustrações de Pedro Nava.

Rio de Janeiro: LTC, 1979. Ilustrações de Carybé. Prefácio de Antônio Bento.

Belo Horizonte: Itatiaia, 1983, 19ª edição; 26ª edição, 1989.

Paris/São Paulo: Archivos/Unesco/CNPq, 1988; 2ª edição, 1996. Edição crítica de Telê Porto Ancona Lopez.

Belo Horizonte: Villa Rica, 1991, 27ª edição. Texto revisto por Telê Porto Ancona Lopez; 30ª edição, 1997.

Belo Horizonte: Garnier, 2000, 31ª edição; 32ª edição, 2001.

TRADUÇÕES

Macunaíma: L'éroe senza nessuno carattere. Trad. Giuliana Segre Giorgi. Milão: Adelphi, 1970.

Macunaíma (El héroe sin ningún carácter). Trad. Héctor Olea. Barcelona: Seix Barral, 1979.

Macounaïma ou le héros sans aucun caractère. Trad. Jacques Thiériot. Paris: Flammarion, 1979.

Macunaíma, der Held ohne jeden Charakter. Trad. Curt Meyer-Clason. Frankfurt: Suhrkamp, 1982.

Makunaima. Trad. Pál Ferenc. Budapeste: Magvetö Kandó, 1983.

Macunaíma bohater zupelnie bez charakteru. Trad. Irineusz Kania. Cracóvia: Wydawnictwo Literackie, 1983.

Macunaíma. Trad. E. A. Goodland. Nova York: Random House, 1984.

Macunaíma. Trad. Peter Poulsen. Ârhus (Dinamarca): Husets Forlag, 1989.

Sobre a autora

Gilda de Mello e Souza, em solteira Gilda de Moraes Rocha, nasceu em São Paulo no ano de 1919. Passou a infância na fazenda de seus pais em Araraquara, vindo para São Paulo em 1930 para fazer o curso secundário no Colégio Stafford, onde se diplomou no fim de 1934. Em 1936 cursou a 2ª série do Colégio Universitário Anexo à Universidade de São Paulo, em cuja Faculdade de Filosofia, Ciências e Letras ingressou em 1937, recebendo no começo de 1940 o grau de bacharel em Filosofia. Nesse ano fez o curso de formação de professores e recebeu o grau de licenciada. Fez parte do grupo que em 1941 fundou a revista *Clima*, em cuja produção sempre colaborou e na qual publicou artigos e contos. Em 1943 foi nomeada assistente da Cadeira de Sociologia I (Roger Bastide). Em 1950 recebeu o grau de Doutora em Ciências Sociais com a tese *A moda no século XIX*, publicada em 1951 na *Revista do Museu Paulista* (Nova Série), vol. V. Em 1954, a convite do professor João Cruz Costa, passou a encarregada da disciplina de Estética no Departamento de Filosofia, do qual foi diretora de 1969 a 1972, tendo fundado então a revista *Discurso*. Aposentou-se em 1973 e recebeu em 1999 o título de Professora Emérita da sua Faculdade. Faleceu em São Paulo, em 26 de dezembro de 2005. No ano seguinte foi organizado na Faculdade de Filosofia, Letras e Ciências Humanas da USP, um seminário sobre sua obra, que resultou no livro *Gilda, a paixão pela forma* (São Paulo/Rio de Janeiro: Fapesp/ Ouro sobre Azul), publicado em 2007.

Crítica

O tupi e o alaúde: uma interpretação de Macunaíma. São Paulo: Duas Cidades, 1979; 2ª edição, São Paulo: Duas Cidades/Editora 34, 2003; 3ª edição, 2023.

Mário de Andrade, obra escogida. Seleção, prólogo e notas de Gilda de Mello e Souza. Trad. Santiago Kovadloff. Caracas: Biblioteca Ayacucho, 1979.

Exercícios de leitura. São Paulo: Duas Cidades, 1980; 2ª edição, São Paulo: Duas Cidades/Editora 34, 2009.

Melhores poemas de Mário de Andrade. Seleção e prefácio de Gilda de Mello e Souza. São Paulo: Global, 1988; 8ª edição, 2017.

O espírito das roupas: a moda no século XIX. São Paulo: Companhia das Letras, 1987 (4 reimpressões); 2ª edição, 2009; 3ª edição, São Paulo/Rio de Janeiro: Companhia das Letras/Ouro sobre Azul, 2019.

A ideia e o figurado. São Paulo: Duas Cidades/Editora 34, 2005.

Pio & Mário: diálogo da vida inteira. A correspondência entre o fazendeiro Pio Lourenço Corrêa e Mário de Andrade, 1917-1945. Traços biográficos por Antonio Candido. Introdução de Gilda de Mello e Souza. São Paulo/Rio de Janeiro: Edições Sesc-SP/Ouro sobre Azul, 2009.

A palavra afiada. Organização, introdução e notas de Walnice Nogueira Galvão. Rio de Janeiro: Ouro sobre Azul, 2014.

Ensaios e resenhas

Apresentação do programa da peça *Dona Branca*, de Alfredo Mesquita, São Paulo, 1939.

"Poesia negra norte-americana", *Revista Acadêmica*, nº 59, Rio de Janeiro, jan. 1942.

"À margem do livro de Jean Valtin", *Clima*, nº 9, São Paulo, abr. 1942.

"*Og*, de Adalgisa Nery", *Clima*, nº 12, São Paulo, abr. 1943.

"*O lustre*, de Clarice Lispector", *O Estado de S. Paulo*, São Paulo, 14/7/1946. Republicada na revista *Remate de Males*, nº 9, Campinas, IEL-Unicamp, 1989.

"Dois poetas (sobre Manuel Bandeira e Carlos Drummond de Andrade)", *Revista Brasileira de Poesia*, nº 2, São Paulo, abr. 1948.

"Homenagem a Eduardo de Oliveira e Oliveira", *Novos Estudos Cebrap*, nº 1, São Paulo, dez. 1981. Republicado em separata do Instituto Moreira Salles, Casa da Cultura de Poços de Caldas, mai. 1995.

"Solilóquio da infância" [sobre *Espelho do Príncipe*, de Alberto da Costa e Silva], *Jornal de Resenhas*, nº 5, São Paulo, Folha de S. Paulo/Discurso Editorial/USP, 1995.

Ficção

"Week-end com Teresinha", *Clima*, nº 1, São Paulo, mai. 1941.

"Armando deu no macaco", *Clima*, nº 7, São Paulo, dez. 1941.

"Rosa pasmada", *Clima*, nº 12, São Paulo, abr. 1943.

"A visita" *in* "Suplemento Literário" de *O Estado de S. Paulo*, nº 71, São Paulo, 1/3/1958. Republicado na coleção Confete, São Paulo: Empório Cultural, 1991.

Tradução

Asmodée, de François Mauriac. Cotradução com Décio de Almeida Prado e Helena Gordo. [Inédito]

A dama das camélias, de Alexandre Dumas Filho. Prefácio de Alfredo Mesquita. Série Teatro Universal. São Paulo: Brasiliense, 1965; nova edição: Rio de Janeiro: Paz e Terra, 1996, Coleção Leitura.

Arte e sociedade, de Roger Bastide. São Paulo: Martins, 1945; 2ª edição revista e ampliada: São Paulo: Companhia Editora Nacional/Edusp, 1971; 3ª edição, Companhia Editora Nacional, 1979.

"A cantiga de amor de J. Alfred Prufrock", de T. S. Eliot, *in* João Roberto Faria, Vilma Arêas, Flávio Aguiar (orgs.), *Décio de Almeida Prado: um homem de teatro*. São Paulo: Edusp/Fapesp, 1997.

Sobre a autora

Gilda, a paixão da forma. Organização de Sergio Miceli e Franklin de Mattos. São Paulo/Rio de Janeiro: Fapesp/Ouro sobre Azul, 2007.

Este livro foi composto
em Adobe Garamond pela
Bracher & Malta,
com CTP da New Print
e impressão da Graphium
em papel Pólen Bold
90 g/m² da Cia. Suzano de
Papel e Celulose para a
Duas Cidades/Editora 34,
em junho de 2023.